El Libro de los gigantes.

Los vigilantes, los Nephilim, y el Libro Hebreo de Enoc.

Notas y comentarios Gonzalo Sanabria.

Te invito a leer todos nuestros sermones y estudios bíblicos en: Estudiosysermones.com

También puedes conocer todos los libros del escritor en su página de autor en Amazon.com: Escritor Pastor Gonzalo Sanabria.

Contenido

Capítulo 1: Introducción...4

Capítulo 2: La Versión Maniquea y Aramea..................................8

Capítulo 3: Los Vigilantes y el Libro de Enoc........................13

Capítulo 4: El pecado de los ángeles. 22

Capítulo 5: Los Nephilim o gigantes que nacieron...................26

Capítulo 6: Los gigantes (Nephilim) desde tiempos antiguos y la Biblia: 46

Capítulo 7: Los gigantes según el registro bíblico. 51

Anexo 1: ¿Quién fue Enoc? 103

Anexo 2: El Antiguo Libro Hebreo de Enoc. 115

Anexo 3: Los cantos en el cielo, la ciudad celestial y otras maravillas. 194

Capítulo 1: Introducción

"El Libro de los Gigantes" es uno de los rollos titulado con este nombre, rollos que fueron descubiertos en las cuevas de Qumrán en el Mar Muerto. Se considera que su fuente principal fue el Libro de Enoch.

El Libro de los Gigantes, así como el Libro de Enoch, contiene los sucesos correspondientes a los Nephilim, descendencia de los Vigilantes o ángeles caídos.

El Libro de los Gigantes narra la historia y en detalle expone las hazañas de estos inmensos personajes, en especial de Shemihaza, Ohya y Hahya. Debido a que no existe un manuscrito completo, no se tiene el orden y contenido exacto.

De este texto, existen dos versiones principales, la versión del Mar Muerto que está escrita en arameo; y otra versión que fue escrita en persa y adaptada para la religión maniquea.

Este material expone el comienzo, la historia, la información de estos rollos antiguos respecto a los gigantes, y el resto de información que de aquí se desprende.

Como resultado veremos un panorama amplio de los ángeles, los Vigilantes, los gigantes, Nephilim, la versión del Libro de Enoc al respecto, entre otros temas desde la perspectiva bíblica.

El Libro de los Gigantes, es sin duda alguna, uno de los documentos más sorprendentes e interesantes encontrados en las cuevas de Qumrán. También, miraremos esta información desde el lente de las Sagradas Escrituras, y haremos comparativos de toda esta información.

Como lamentablemente, hay poco registro escrito en estos rollos de las hazañas y aventuras de estos gigantes, es probable que muchas historias de la mitología antigua sean derivadas de sus acciones.

En este libro hallarás los siguientes temas:

Versión Aramea y Maniquea del Libro de los Gigantes.

Los vigilantes y el Libro de Enoch.

El pecado de los ángeles.

Los Nephilim o gigantes que nacieron.

Los gigantes desde tiempos antiguos y la Biblia.

Los gigantes según el registro bíblico.

¿Quién fue Enoch?

El antiguo Libro Hebreo de Enoch.

En el anexo número dos, puedes encontrar el **Libro Hebreo de Enoch.**

Este texto también es llamado: "El Libro de los palacios". Este escrito es de lectura muy interesante y llamativa, enigmática como los demás.

En este texto se narra la ascensión del profeta Enoc a los cielos. El libro mismo enseña que fue escrito por el rabino Ismael, quien después de las visiones sucedidas en el cielo, llega a convertirse en "sumo sacerdote". El rabino Ismael en un representante que se destaca dentro de la literatura judía.

Al parecer, este tercer libro de Enoc fue escrito originalmente en el idioma hebreo. Se puede concluir, que los escritores de este tercer tomo tenían conocimiento del primero.

Este libro nos enseña mucho acerca del pensamiento religioso, místico y espiritual del pueblo hebreo. Este tercer libro de Enoc, nos permite ver que Enoc sigue siendo el personaje preferido para compartir desde su figura los secretos y misterios del pensamiento hebreo respecto a lo sobrenatural y a los comienzos del mundo.

En este Libro Hebreo de Enoch encontrarás temas como:

La ascensión de Enoc al cielo.

Los siete cielos.

Las siete montañas de metales preciosos.

Las esferas celestiales.

Los diez tiempos.

Tiempos finales.

Los arcángeles caídos.

La muerte, los cielos y los infiernos.

La Sabiduría, el León y Enoc escondido.

Los siete guerreros.

Entre otros temas de gran interés.

Un libro de interesante lectura, y que aporta el conocimiento del pensamiento hebreo de aquella época, el cual permite comprender muchos conceptos y motivos de la escritura judía antigua.

Capítulo 2: La Versión Maniquea y Aramea.

Cuando hablamos de la Versión Maniquea (el Maniqueísmo es una religión de origen persa) estamos hablando de aquella que es similar a la hallada en las cuevas de Qumrán, pero adaptada para que encajará en la religión maniquea.

Expone en esencia, que los ángeles caídos son demonios que se escaparon de sus prisiones celestiales, donde se hallaban inicialmente.

Estos ángeles provocaron una revolución, y en medio de aquella situación doscientos de ellos escaparon a la tierra. Al final, se relata que las fuerzas de la Luz, dirigidas por cuatro ángeles, identificados como Miguel, Gabriel, Rafael y Istrael, logran someter a los demonios y a toda su descendencia en la batalla.

A continuación una reconstrucción de los fragmentos hallados, que procura darle una narración coherente a este texto:

El Libro de los Gigantes, Versión Maniquea.

Los ángeles malvados descienden a la tierra, lo hacen por su deseo por las mujeres, las hijas de los hombres.

Estos ángeles enseñan a las mujeres de la tierra, así como a los hombres, secretos prohibidos, y esto hizo que la maldad llenará la tierra. Aparece una intensa violencia, subyugan y asesinan a muchas personas.

Uno de los principales ángeles, Shemihaza engendra dos hijos gigantes, uno fue Ohya y el otro Ahyah. Otros de los gigantes nacen de otros ángeles caídos, quienes generan ruina y destrucción sobre tolas las cosas de la tierra.

En aquel caos, la tierra ruega y clama por ayuda. Hay fuertes e intensas batallas entre los mismos gigantes. En aquel tiempo Ohya tiene un sueño, una tableta es arrojada al agua, y cuando surgió tenía tres signos que anunciaban la inminente destrucción.

Mientras tanto su hermano, ha tenido un sueño con un hermoso jardín, el cual contiene doscientos árboles. Ahyah dice que en el sueño que tuvo vio a personas que estaban lamentándose.

Entonces, el gigante Mahway vuela en busca de Enoch, y escucha su voz que le advierte que no se acerque en su vuelo al sol. Él es dirigido por Enoch, quien interpreta los sueños, que indican la inminente muerte para los gigantes.

Entonces, la respuesta de Enoch es llevada a los gigantes, mensaje que fue escrito por la mano de Enoch y que es un presentimiento, el cual parece indicar un momento de inundación.

Mahway va otra vez ante Enoch, quien vive en una especie de paraíso terrenal, y le cuente todo lo que está pasando.

Después de esto, Ohya tiene un sueño, en el que él mismo asciende al cielo, y ve el agua de la tierra siendo consumida por el fuego.

Ohya, Shemihaza y Mahway tiene una conversación y parece referirse a las armas. Finalmente, Ohya y Mahway pelean.

Los gigantes se alegran de ver a Enoch, y se comprometen a reformar las cosas y piden misericordia. Sin embargo, Enoch les advierte a los gigantes que ellos van a enfrentar la condenación aunque creyesen que nunca iban a perder su poder.

Los ángeles bajan del cielo y siembran el terror los demonios tomando forma humana. Los ángeles llevan a los niños de los gigantes a las ciudades que estaban cerca.

En número de doscientos demonios libran una fuerte batalla contra los cuatro ángeles. Ohya y Ahyah tienen el propósito de permanecer en su promesa de luchar.

Los cuatros arcángeles atan a los ángeles observadores con cadenas y destruyen su descendencia. Al parecer, las prisiones para ellos estaban preparadas desde hace mucho tiempo. Ohyah, el monstruo Leviatán y el ángel Rafael participaron en aquella gran batalla. Pero, luego desapareció.

Respecto a la Versión Aramea del Libro de los Gigantes:

El Libro de los Gigantes, correspondiente a la Versión en arameo, fue desenterrado en Qumrán. Ya que el texto está en alto grado fragmentado, a los especialistas lingüísticos les ha costado mucho trabajo traducir y reconocer.

Este contenido está fuertemente relacionado con el contenido del Libro de Enoch, el cual también narra la historia de los gigantes, la cual tiene mucha más información y detalles.

Los expertos en el tema, no saben explicar por qué la comunidad de Qumrán consideraba con tanta importancia y valor los libros enocnianos, de modo que conservaban tantas copias en comparación con otros textos de su época.

El Libro de los Gigantes, es un escrito que expande la información que brinda la Biblia según Génesis 6:1-4. Según la Sagrada Escritura, los gigantes surgieron cuando los hijos de Dios (o los Vigilantes) se sintieron atraídos hacia las hijas de los hombres y les engendraron hijos, dando origen a los gigantes.

Ante esta situación, Enoc se angustió y clamó a Dios, quien en su misericordia comisionó a Enoc para que les predicará el arrepentimiento, y así la humanidad evitara el juicio.

Dios le concedió sueños a los gigantes, los cuales eran mensajes para que corrigieran sus malas obras. Finalmente, en su orgullo y arrogancia no se volvieron de sus malos caminos, y actuaron contra Dios desafiando su paciencia.

Capítulo 3: Los Vigilantes y el Libro de Enoc.

Secciones del libro original, y comentarios:

Libro de los Vigilantes en el Libro de Enoc.

En esta sección hay varias similitudes con la Biblia, pues menciona o hace referencia a eventos y personajes como Adán, Eva, Caín, Abel. Además expone la unión de ángeles con las hijas de los hombres, narración similar el evento de Génesis 6 de la Biblia.

De hecho, el tema principal del Libro de los Vigilantes narra la rebelión o caída de estos ángeles, quienes tomaron para sí mujeres, escogiendo de entre las hijas de los hombres, pecando así contra Dios, lo que generó su castigo.

En este primer capítulo el Señor proclama sus bendiciones para los justos, y advierte acerca del juicio para los pecadores. Concepto que aparece repetidamente en este libro. También Enoc, nos habla del orden de la naturaleza y del orden en el cielo, cada una de estas cosas sigue un mandato y disposición determinados por el diseño de Dios.

Capítulo uno. El tiempo de la destrucción.

^{1.} Estas son las palabras que declaró Enoc para bendecir a los justos elegidos que enfrentarán el tiempo de la tribulación, en el día en que vivirán el rechazo y la destrucción los impíos y todos los malvados; en el tiempo en que serán salvados los justos.

^{2.} A Enoc, hombre justo y piadoso delante del Señor, se le reveló una visión del Santo y del cielo, por lo cual declaró profecía diciendo: Me fue revelada la visión del Señor de los cielos y por eso escuché aquellas palabras de los Santos y las palabras de los Vigilantes, y por eso pude aprender todas las cosas de ellos, y pude comprender que mis palabras no son para la generación de hoy, sino para una generación lejana que vendrá en un futuro.

^{3.} Hoy declaró mi profecía acerca de los elegidos y por motivo de ellos: El Señor Santo y Único desde su morada vendrá.

^{4.} Surgirá con todo su poder desde lo alto de los cielos, encima del Monte Sinaí con su poderoso e inmenso ejército se manifestará, el Señor Dios Eterno caminará sobre la faz de la tierra.

^{5.} Y como resultado de esto, temblarán y serán castigados en regiones secretas todos los Vigilantes, se agrietarán

todos los extremos de la tierra, tendrán miedo y temblarán los Vigilantes en todos los lugares de la tierra.

(**Comentario:** *Este texto refleja el temor que genera el poder y juicio de Dios en los ángeles ("Vigilantes"), conscientes de que han pecado. La Biblia expone de manera contundente y clara esta verdad en Santiago 2:19 donde nos dice: "Tú crees que Dios es uno; bien haces. También los demonios creen, y tiemblan"*).

6. Y cómo se comporta la cera ante la llama de fuego, así serán las montañas altas y las colinas de la tierra, las cuales se agrietarán, serán derrumbadas, se rebajarán y se fundirán.

7. Todo aquellos que esté sobre la faz de la tierra quedará sin vida, la tierra misma se dividirá, y vendrá sobre todos los habitantes un juicio.

8. Los justos serán felices y llenos de bendiciones, pues con ellos el Señor hará la paz, dará protección a los elegidos, sobre todos ellos derramará su compasión y serán todos propiedad de Dios, con su poder los ayudará y hará resplandecer su luz sobre todos ellos.

(**Comentario:** *De este pasaje es que se vale el apóstol Judas para escribir esta cita en su carta, la cual forma parte del Canon bíblico, donde textualmente dice así:*

"De estos también profetizó Enoc, séptimo desde Adán, diciendo: He aquí, vino el Señor con sus santas decenas de millares, para hacer juicio contra todos, y dejar convictos a todos los impíos de todas sus obras impías que han hecho impíamente, y de todas las cosas duras que los pecadores impíos han hablado contra él".

Esto es muy interesante, pues confirma a la persona de Enoc como profeta, quien ve la gloria de Dios venir con sus ejércitos celestiales para castigar a los malvados, por su injusticia, violencia y por levantar sus palabras contra el Todopoderoso.

La palabra de Dios nos enseña que Enoc fue un profeta antediluviano, era un hombre inspirado por el Espíritu Santo, escuchaba Su voz porque era amigo de Dios. En los trescientos años que caminó con el Señor experimentó, sin duda alguna, maravillosas verdades y revelaciones del cielo).

Capítulo dos.

Observa la naturaleza.

[1] Con atención mirad todos los eventos que en el cielo suceden, mirad que las luminarias en el cielo permanecen de acuerdo al camino y posiciones que les fueron asignadas,

cómo ellas nacen y se ponen, todas en un maravilloso orden según su estación o tiempo, y ninguna desobedece el decreto recibido.

(Comentario: *En el libro de Enoc también se relata muchos detalles acerca de los astros, sus órbitas y características, destacando su orden y respeto al seguir el camino que se les ha ordenado.*

La palabra de Dios, por el Espíritu Santo, nos dice en el Libro de los Hechos que Dios es quien da vida y ha establecido el orden para todas las cosas, Hechos 17:25-26

"Él es quien da a todos vida y aliento y todas las cosas. Y de una sangre ha hecho todo el linaje de los hombres, para que habiten sobre toda la faz de la tierra; y les ha prefijado el orden de los tiempos, y los límites de su habitación").

2. Observad la faz de la tierra y sus obras con mucha atención, pues todas ellas son evidentes, y desde el comienzo hasta el fin toda la obra del Señor permanece, ella no cambia, sigue el orden de Dios; todo va y viene en su respectivo tiempo.

3. Mirad, cómo las nubes riegan con su lluvia la faz de la tierra, y ésta se llena de agua; observad los signos del verano y los signos o señales del invierno, el sol seca y las nubes envían lluvia, todo se ejecuta en orden.

(Comentario: *Es muy interesante, ver que en los evangelios el Señor Jesús habla sobre la práctica humana de considerar el estado del cielo para determinar si va a hacer o no buen tiempo. Les recuerda que así mismo, deben considerar el tiempo que estaban viviendo, y la manera correcta de juzgar y actuar. Por ejemplo, en Lucas 12:54-57 el Maestro dijo:*

"Cuando veis la nube que sale del poniente, luego decís: Agua viene; y así sucede. Y cuando sopla el viento del sur, decís: Hará calor; y lo hace. Hipócritas. Sabéis distinguir el aspecto del cielo y de la tierra; ¿y cómo no distinguís este tiempo? ¿Y por qué no juzgáis por vosotros mismos lo que es justo?").

Capítulo tres.

1. Pude ver como en cada otoño las hojas de los árboles cambian de color y caen al suelo, y posteriormente son renovadas en el tiempo de la primavera; con excepción de catorce árboles. Estos no pierden sus hojas cada año, pues permanecen dos o tres años hasta cuando salen las nuevas hojas.

Capítulo cuatro.

1. En el tiempo del verano mirad sus señales, pues el sol con su fuerza baña y calienta toda la faz de la tierra, y encima de aquella superficie que arde, los habitantes buscan refugio y

sombra para ocultarse del sol, y no pueden seguir caminando por ningún lugar debido al intenso calor sobre la tierra.

Capítulo cinco.

1. En cada primavera los árboles brotan hojas y frutos. Mirad y considerad cómo el Señor Dios vivo ha hecho todas las cosas, pues él hizo todos los árboles del campo, y de todos estos brotan verdes hojas que les sirve de cubierta, y los frutos que dan sirven de adorno y gloria.

2. Mirad, cómo permanecen y continúan las obras de Dios hasta siempre por todos los años, todo permanece y le obedece al Señor sin ninguna alteración, todo ocurre según él lo ha establecido.

3. De igual manera, observad, como los mares y los ríos en la tierra cumplen su propósito; no se apartan de los que el Señor les ha establecido.

4. Sin embargo, los seres humanos alteran las obras de Dios y desobedecen su palabra, insultan la gloria y grandeza del Señor con palabras altanera y ofensivas declaradas por bocas impías. Esta dureza de corazón no permitirá que tengan paz, ni hallen misericordia.

5. Los días de su vida serán acortados, morirán y no pasarán a la vida eterna, sino que irán al infierno, no hallarán paz ni misericordia.

6. En aquellos días sin paz, sólo habrá maldición.

7. Mientras que la salvación del Señor será para los elegidos y justos, no para los pecadores.

8. Los elegidos heredarán la tierra, recibirán sabiduría y vivirán eternamente, serán humildes y prudentes, y nunca volverán a pecar por el orgullo y la impiedad.

9. No experimentarán la muerte en tiempo de ira, sino que vivirán en paz con el número de sus años multiplicados por la eternidad.

(**Comentario:** *Desde el Antiguo Testamento la Biblia nos enseña la recompensa y múltiples bendiciones para los mansos de corazón, no sólo serán prosperados sino bendecidos con abundancia de paz, nos dice el Salmo 37:11 "Pero los mansos heredarán la tierra, y se recrearán con abundancia de paz".*

En el Nuevo Testamento el Señor Jesucristo dijo: "Bienaventurados los que lloran, porque ellos recibirán consolación. Bienaventurados los mansos, porque ellos recibirán la tierra por heredad" según Mateo 5:4-5).

Capítulo seis Libro de Enoc:

Capítulo 4: El pecado de los ángeles.

<u>El descenso de los doscientos ángeles.</u>

1. Aconteció transcurriendo el tiempo, que los hijos de los hombres se multiplicaron sobre la faz de la tierra, y entonces les nacieron hermosas hijas.

2. En aquel tiempo los Vigilantes, ángeles hijos del cielo, las contemplaron y las desearon, y ante esto, entre ellos hablaron diciendo: "Vamos y de entra las hermosas hijas de los hombres, escojamos mujeres y engendremos de ellas hijos".

(**Comentario:** *Este es un pasaje muy parecido a lo que hallamos en el libro de Génesis 6:1-4 donde se nos dice que "Aconteció que cuando comenzaron los hombres a multiplicarse sobre la faz de la tierra, y les nacieron hijas, que viendo los hijos de Dios que las hijas de los hombres eran hermosas, tomaron para sí mujeres, escogiendo entre todas.*

Había gigantes en la tierra en aquellos días, y también después que se llegaron los hijos de Dios a las hijas de los hombres, y les engendraron hijos. Estos fueron los valientes que desde la antigüedad fueron varones de renombre".

Como vemos, hay quienes consideran que "los hijos de Dios" son los hijos de la línea piadosa de Set, y otros consideran que se trata de seres celestiales, ángeles, y hay pasajes bíblicos que permiten afirmar esto, Judas 14-16 y 2 Pedro 2:4.

Es de anotar, que muchos pueblos de la antigüedad creían que la raza de gigantes habría nacido de la unión antinatural de seres sobrenaturales con mujeres de la tierra.

Debemos tener en cuenta en todo caso, que aunque el pasaje bíblico tiene aspectos de difícil interpretación, el objetivo es afirmar una vez más, la incontenible expansión del pecado y la maldad en el mundo, así como su corrupción, por lo cual el juicio era inminente.

Considerando los hechos, los resultados de los mismos (quiero decir: gigantes y valientes), lo que nos permite ver 2 Pedro 2:4 y Judas 14-16, y la precisa traducción de las palabras originales hebreas, debemos llegar a la conclusión de que algunos seres del grupo celestial (ángeles) realmente tomaron para sí como esposas, mujeres de la tierra, y es probable que hayan utilizado una fuerza superior para conquistarlas).

Continuación capítulo seis del Libro de Enoc:

3. En aquel momento, Shemihaza, quien era su jefe, habló diciendo: "Tengo temor de ser el único que se haga responsable de este gran pecado, y que vosotros no deseéis cumplir con esta acción".

4.Entonces, los otros ángeles le respondieron a Shemihaza: "Debemos realizar un juramento todos nosotros, con el compromiso de someternos bajo un anatema sino no cumplimos con este plan realmente".

Eran por todos aquellos ángeles doscientos, los que descendieron sobre la cumbre del monte que ellos mismos denominaron "Hermon", pues allí hicieron el juramento y todos se comprometieron bajo anatema a cumplir lo dicho.

(Comentario: En esta sección, nos relata el libro de Enoc como doscientos ángeles del cielo descendieron a la tierra y tomaron para sí hermosas mujeres, las cuales dieron a luz gigantes, con un apetito voraz, que llegaron incluso a devorar animales y seres humanos, incluso hasta devorarse entre ellos mismos.

Esto fue catalogado como un gran pecado delante de Dios según narra Enoc, y además los ángeles que habían hecho esta maldad, enseñaron a las mujeres la ciencia delos árboles y las plantas (agricultura). También les enseñaron las artes ocultas, es decir, la brujería, la magia y el corte de las raíces, astrología, etc.

Estos malvados ángeles también enseñaron a los hombres al arte de fabricar las armas, como las espadas, los escudos, cuchillos, corazas, entre otros. También enseñaron el arte de los metales.

Estos ángeles enseñaron también el arte de pintarse los ojos con antimonio, cómo pintar y embellecer los parpados, los tintes de color y enseñaron lo referente a las piedras preciosas. Con todo esto, los seres humanos cayeron en pecado y vino entonces el juicio del Señor).

Capítulo siete del Libro de Enoc:

Capítulo 5: Los Nephilim o gigantes que nacieron.

1. Entonces, todos los que habían descendido y con sus jefes, escogieron entre las mujeres de la tierra, y empezaron a juntarse con ellas, y se contaminaron con ellas, además les enseñaron a ellas las prácticas de la brujería, de la magia y el corte de las raíces, y también les enseñaron acerca de las plantas.

2. Sucedió entonces, que las mujeres quedaron embarazadas de ellos, y luego dieron a luz gigantes de unos tres mil codos de altura, estos nacieron sobre la tierra y crecieron de acuerdo a su propia niñez.

3. Ellos devoraban el resultado de las labores y trabajo de los seres humanos, hasta que llegó el momento cuando los hijos de los hombres no lograron abastecerles más.

4. Fue en aquel tiempo cuando los gigantes se volvieron contra los hijos de los hombres quitándoles la vida y devorando sus cuerpos.

5. Estos gigantes también comenzaron a pecar contra las aves, las bestias, los reptiles y los peces, incluso se

devoraban la carne los unos de los otros y bebían la sangre. Entonces, la tierra misma los acusó.

(**Comentario**: *Es muy interesante ver a la tierra realizando acciones propias según este pasaje anterior: "la tierra acusó a los impíos". En la Biblia se nos dice por ejemplo que a causa de la maldad de los cananeos, ellos fueron expulsados de la tierra, literalmente nos dice: "y la tierra fue contaminada; y yo visité su maldad sobre ella, y la tierra vomitó sus moradores" Levítico 18:25.*

También podemos ver otra acción de la tierra en Apocalipsis 12:16 en donde se nos dice: "Pero la tierra ayudó a la mujer, pues la tierra abrió su boca y tragó el río que el dragón había echado de su boca").

Capítulo ocho (Libro de Enoc):

Enseñanzas prohibidas.

1. También sucedió en este tiempo, que Asael dio la enseñanza a los hombres acerca de la fabricación de las espadas de hierro, así como de las corazas de cobre; también les enseñó cómo extraer y laborar hasta dejar listo el oro; además les instruyó todo lo relacionado con la plata, cómo tallarla y cómo diseñar brazaletes, collares y otros ornamentos. Además, a las mujeres las instruyó respecto al uso del antimonio, las tinturas, sobre las piedras preciosas y sobre el uso del maquillaje de los ojos.

²· Como resultado de todas estas cosas, la maldad se multiplicó, y ellos decidieron ir por los malos caminos, y de esta manera llegaron en todas las formas a corromperse.

Después de estas palabras, nos narra el Libro de Enoc, que Dios manda a su ángel Sariel para que le diga a Noé, que debe esconderse pues él va a enviar un diluvio sobre la tierra como castigo sobre los ángeles malvados.

Da instrucciones a Miguel para que haga desaparecer la injusticia, la violencia y la opresión de la tierra, y sea la justicia y la verdad los valores que prevalezcan, y todos los seres humanos bendigan y adoren al Señor.

(Comentario: Desde la perspectiva bíblica ¿Cuál es la interpretación del pasaje similar de Génesis capítulo seis versículo dos? Literalmente la Biblia Reina Valera dice: "que viendo los hijos de Dios que las hijas de los hombres eran hermosas, tomaron para sí mujeres, escogiendo entre todas".

Una línea de interpretación expone que la expresión "los hijos de Dios" hace referencia a los descendientes piadosos de Set quienes se acercaron y tomaron mujeres de la descendencia impía de Caín, quienes serían identificadas con la expresión "las hijas de los hombres".

Esto entonces, debilitó la descendencia piadosa, y generó maldad en la tierra hasta traer sobre la humanidad el juicio mediante el diluvio.

La otra línea de interpretación enseña que "los hijos de Dios" eran realmente ángeles caídos, los cuales tomaron para sí mujeres de entre las hijas de los hombres y les engendraron hijos, los cuales vinieron a ser una raza de gigantes. Pasajes bíblicos como 2 Pedro 2:4 y Judas 14-16 favorecen esta segunda interpretación).

Capítulo nueve (Libro de Enoc):

1. Desde el santuario celestial, Miguel, Rafael, Sariel y Gabriel pudieron ver hacia la tierra y contemplaron sangre en gran medida esparcida sobre la faz de la tierra, estaba además llena de injusticia y violencia.

Entonces, vinieron al Señor del mundo diciendo: Tú eres nuestro gran Señor, el Dios de dioses, el Señor de señores y Rey de reyes.

Tú has visto lo que ha hecho Asael, enseñando toda injusticia sobre la faz de la tierra y ha enseñado los secretos eternos que se cumplen en los cielos.

Mira, ahora, que las almas de aquellos que han muerto gritan y se lamentan hasta las puertas del cielo y su gemido ha subido y no deja de ser, esto debido a la injusticia y violencia que se comete en la tierra.

*(**Comentario**: Aunque hablamos en contextos diferentes, pues aquí se habla de la maldad como resultado de la unión de ángeles y mujeres terrenales, este pasaje del libro de Enoc, guarda mucha similitud con la realidad que nos enseña la Biblia en el libro de Apocalipsis seis, respecto al clamor de los santos y fieles muertos durante la tribulación, el texto bíblico dice:*

"Y clamaban a gran voz, diciendo ¿Hasta cuándo, Señor, santo y verdadero, no juzgas y vengas nuestra sangre en los que moran en la tierra?" según Apocalipsis 6:10).

Capítulo diez (Libro de Enoc):

1. En aquel momento, el Altísimo, Todopoderoso y Santo habló, y mandó a Sariel al hijo de Lamec.

2. Le habló diciendo: "Debes ir a Noé, y decirle en mi nombre: Escóndete, y muéstrale los acontecimientos que están por venir, pues va morir la tierra entera, es un diluvio que está por llegar sobre la faz de la tierra, y morirá todo lo que esté sobre ella.

³· Por eso, ve enseguida e instruye al Justo, al hijo de Lamec, lo que debe realizar para que sea salva su alma para vivir y pueda huir en realidad, ya que por Noé vendrá la semilla que será plantada y serán fundadas todas las generaciones por venir.

Entonces, tú Miguel, debes limpiar toda la faz de la tierra de toda opresión, de toda injusticia, de toda violencia y de todo pecado.

(Comentario: Más adelante, Enoc menciona con cierta frecuencia a los reyes, los poderosos y los que gobiernan sobre la faz de la tierra, como personas y líderes que el Señor va a castigar por sus conductas opresivas e injustas. Enoc, ve su final muy cerca, pues apremia el deseo del Señor de establecer justicia, verdad y armonía sobre la faz de la tierra.

Según nos sigue narrando el Libro, Enoc es llevado o ascendido, en un sueño a los cielos. Allí, Dios le encomienda hablar a los ángeles malos, quienes han enseñado los secretos de los cielos a las mujeres, quienes han difundido estos secretos, generando maldad en la tierra. (Podemos ver alguna relación con Eva, quien fue tentada por la serpiente, y esto la llevó a la desobediencia con Adán).

A continuación, Enoc narra su recorrido por la casa o habitación de la tempestad, la luz y del trueno, allí también tiene una visión de los vientos y sus destinos, y de las siete montañas de piedras preciosas. También puede ver un gran abismo de fuego y de siete estrellas, estas encadenadas a los extremos del cielo y de la tierra.

También, describe Enoc la visión de la mansión o casa de las almas de los muertos antes del juicio que se llevará a cabo al final de los tiempos, describe el paraíso terrestre, el árbol de la ciencia, y las puertas por donde nacen los astros y las constelaciones).

Comentario al capítulo diez, numerales 12 y 13 del Libro de Enoc:

[12.] Entonces los hijos de los ángeles rebeldes perecerán y ellos verán la destrucción de sus seres amados. Debes encadenarlos por setenta generaciones en los valles de la tierra, y allí estarán hasta cuando llegue el gran día del juicio.

[13.] En aquellos días serán conducidos al abismo de fuego, donde están los tormentos, y será su encierro en la prisión por los siglos y siglos para siempre.

*(**Comentario**: Estos pasajes del Libro de Enoc (numerales 12 y 13) nos recuerdan las palabras de Pedro y Judas. El apóstol Pedro hablando de los falsos maestros, utiliza el ejemplo de lo sucedido con los ángeles y con la generación antediluviana, es decir, que así como ellos fueron juzgados por su pecado, los falsos maestros también lo serán.*

Textualmente 2 Pedro 2:4-5 nos dice: "Porque sí Dios no perdonó a los ángeles que pecaron, sino que arrojándolos al infierno los entregó a <u>prisiones de oscuridad</u>, para ser reservados al juicio; y si no perdonó al mundo antiguo, sino que guardó a Noé, pregonero de justicia, con otras siete personas, trayendo el diluvio sobre el mundo de los impíos".

Es interesante considerar aquí, la expresión: "prisiones de oscuridad" pues nos revela el lugar donde estos ángeles están actualmente. Además Judas seis nos dice: "Y a los ángeles que nos guardaron su dignidad, sino que abandonaron su propia morada, los ha guardado bajo <u>prisiones de oscuridad, en prisiones eternas</u>, para el juicio del gran día".

¿Cuáles son esas prisiones de oscuridad, y dónde están ubicadas? En primer lugar 2 Pedro 2:4 dice que fueron arrojados al infierno, aquellas prisiones son regiones espirituales en las que con cadenas están encerrados estos ángeles.

La palabra griega usada aquí para "infierno" es "tartaroo", palabra que hace referencia al abismo más profundo del Hades (es la sección de más abajo). Se describe como "prisiones de oscuridad" y se traduce en la VM como: "abismos de tinieblas".

Es interesante también, tener en cuenta que en Apocalipsis 20:1-3 respecto al encarcelamiento del diablo por mil años se utilizan palabras similares, lo que nos reafirma la existencia de estos lugares de encarcelamiento espiritual:

"Vi a un ángel que descendía del cielo, con la llave del abismo, y una gran cadena en su mano. Y prendió a Satanás... y lo ató por mil años; y lo arrojó al abismo, y lo encerró, y puso su sello sobre él..." Apocalipsis 20:1-3).

A continuación, apartes del libro de Enoc, en los cuales nos permite ver la narración original del texto en la que Enoc describe su experiencia en las habitaciones, depósitos y tesoros del viento, las siete montañas de las piedras preciosas, etc.

Capítulo doce (Libro de Enoc):

1. Ante las cosas sucedidas, Enoc había sido ocultado, y no hubo ninguna persona que conociera donde estaba él escondido, ni sabían lo que le había ocurrido.

*(**Comentario**: Esta referencia del Libro de Enoc la podemos relacionar con lo que nos dice la Biblia en dos pasajes de la Escritura, veamos:*

Génesis 5:23-24 "Y fueron todos los días de Enoc trescientos sesenta y cinco años. Caminó, pues, Enoc con Dios, y desapareció, porque le llevó Dios".

En la Epístola a los Hebreos 11:5 nos dice la Escritura: "Por la fe Enoc fue traspuesto para no ver muerte, y no fue hallado, porque lo traspuso Dios; y antes que fuese traspuesto, tuvo testimonio de haber agradado a Dios".

Ambos textos nos enseñan que efectivamente, Enoc, por voluntad de Dios, fue levantado de esta tierra, sin experimentar la muerte. El texto bíblico dice: "Porque lo traspuso Dios" fue un traslado divino, "traspuso" es un término que se traduce de la palabra griega "metatídsemi" que además quiere decir: transferir, transportar, arrebatar, transformar.

Por eso, la Biblia Nueva Versión Internacional dice: "Por la fe Enoc fue sacado de este mundo sin experimentar la muerte; no fue hallado porque Dios se lo llevó".

Ya que la Biblia dice que está establecido para los hombres que mueran una sola vez y después de esto el juicio (Hebreos 9:27), y Elías fue otra persona que fue llevada viva al cielo, algunos interpretan que los dos testigos de Apocalipsis once, son Enoc y Elías, y como está escrito, en aquel momento van a morir, Apocalipsis 11:3-8).

Capítulo dieciocho (Libro de Enoc):

1. Pude ver entonces, cómo el Señor ha engalanado toda la hermosa creación y los cimientos de la tierra con los tesoros de los vientos.

2. Entonces, mire y vi los cuatro vientos que sirven de sustento para la tierra y el firmamento, y también pude ver la piedra angular de la tierra.

3. Y pude ver además las columnas del cielo, pues los vientos ensanchan el manto del cielo extendiéndolo en lo alto, entre la tierra y el cielo.

Capítulo diecinueve:

^{1.} Luego, me habló Sariel diciendo: "Aquí estarán los Vigilantes que se han unido con mujeres por su propia decisión, ellos se han corrompido y han descarriado a los seres humanos para que ofrezcan sacrificios a los demonios y a los dioses, hasta el juicio del gran día.

Y yo Enoc, solo, he sido quien ha visto la visión, ésta que es el final de todas las cosas, y ninguna persona ha visto estas cosas que yo he podido ver.

Capítulo veinte:

¹ Ahora, a continuación los nombres de los ángeles santos encargados de vigilar:

Uriel, llamado también el del trueno y el temblor,
Rafael, el de los espíritus de los seres humanos,
Rauel, el que se venga del mundo de las luminarias,
Miguel, otros de los santos ángeles, encargados de la mejor parte de los seres humanos.

*(**Comentario**: Es muy interesante ver que en la Biblia, a lo largo de ella, podemos ver la manifestación clara, evidente y abundante de la obra de los ángeles. Desde el Edén cuando se nos dice que "y puso al oriente del huerto de Edén querubines" (Génesis 3:24) hasta el libro de Apocalipsis donde la actividad angelical es muy intensa, fuerte y dinámica, por ejemplo:*

"Y vi a los siete ángeles que estaban en pie ante Dios; y se les dieron siete trompetas", Apocalipsis 8:2.

La Biblia nos menciona además, algunos nombres de ellos, por ejemplo: Gabriel, cuyo nombres significa: Dios es mi fortaleza. Él es mensajero de Dios por excelencia, según la Biblia llevando siempre un mensaje de Dios o poderosas revelaciones.

Miguel es otro ángel mencionado en la Biblia, no es un mensajero en la proporción de Gabriel. Miguel es un arcángel o "ángel principal", es de alta jerarquía y aparece como un guerrero, lucha contra Satanás y los ángeles caídos, ayudando al pueblo de Dios.

Otro ángel querubín mencionado en la Biblia es Lucifer, quien era al principio una hermosa creación de Dios, pero al rebelarse contra su Creador se convirtió en diablo y satanás.

También la Biblia nos menciona en Apocalipsis 9:11 al ángel del abismo: "Y tienen por rey sobre ellos al ángel del abismo, cuyo nombre en hebreo es Abadón, y en griego Apolión". Ángel que lidera las langostas (ejército de demonios) que traerán muerte y destrucción sobre la faz de la tierra durante los últimos tiempos.

Los ángeles estuvieron presentes a lo largo de la vida de Jesús, por ejemplo, Dios envió un ángel para hablar a José respecto al embarazo de María; muchos ángeles se manifestaron a los pastores cuando el niño Jesús nació; ángeles vinieron a servir a Jesús al terminar el ayuno de cuarenta días; un ángel fue enviado para fortalecerlo en el huerto de Getsemaní antes de la cruz; ángeles dieron testimonio de la resurrección del Señor, etc).

Capítulo veintidós (Libro de Enoc):

¹ Desde aquel lugar fui a otra región, a una montaña de roca muy dura; y habían allí cuatro profundos pozos, muy lisos y muy anchos.

En aquel mismo momento, el vigilante Rafael, el santo, quien estaba a mi lado, me habló diciendo: Estos pozos han sido creados con el fin de que los espíritus de las almas de los muertos puedan reunirse aquí. Entonces, estos pozos les servirán de cárcel.

*(**Comentario**: En la Biblia se nos hace mención a aquellas regiones espirituales profundas, lugar de los muertos (Seol, palabra hebrea usada en el Antiguo Testamento; y Hades, palabra griega usada en el Nuevo Testamento).*

Cuando el Señor Jesucristo murió, como lo había dicho antes, fue al corazón de la tierra: "Como estuvo Jonás en el vientre del gran pez tres días y tres noches, así estará el Hijo del hombre en el corazón de la tierra tres días y tres noches" Mateo 12:40.

El apóstol Pablo por el Espíritu confirma que el Señor Jesús descendió a las partes profundas de la tierra: "Y eso de que subió, ¿Qué es, sino que también había descendido primero a las partes más bajas de la tierra?". Entonces, el Señor fue al Hades, y por eso también estaba escrito al respecto: "No dejarás mi alma en el Hades, ni permitirás que tu Santo vea corrupción" Hechos 2:27.

Allí el Señor proclamó su verdad y el cumplimiento de la profecía mesiánica en él, y levantó a los habitantes del seno de Abraham y se los llevó al paraíso, por eso dice Efesios 4:8 "subiendo a lo alto, llevó cautiva la cautividad, y dio dones a los hombres".

El apóstol Pedro nos confirma este suceso, cuando la Biblia nos dice: "en el cual fue y predicó a los espíritus encarcelados, los que en otro tiempo desobedecieron, cuando una vez esperaba la paciencia de Dios en los días de Noé, mientras se preparaba el arca, en la cual pocas personas, es decir, ocho, fueron salvadas por agua".

Entonces, el Señor levantó al seno de Abraham con los piados que allí estaban y los llevo consigo, y los espíritus encarcelados allí quedaron para el juicio final).

Capítulo veintisiete (Libro de Enoc):

¹ En aquel momento hablé diciendo: ¿Por qué esta tierra está con bendición y llena de árboles, y en el medio se encuentran estos bendita y llena de árboles, y en medio están estos barrancos de maldición?

² Entonces, el vigilante y santo Sariel, me respondió diciendo: Este barranco de maldición está destinado para los que están bajo maldición eterna, allí serán reunidos aquellos que con su boca declararon palabras indecorosas contra el Señor, y allí se ha establecido el lugar de su juicio.

*(**Comentario**: En este caso en particular el Libro de Enoc menciona el pecado de los rebeldes al declarar con su boca palabras contra Dios. En la Biblia, en la Epístola de Judas vemos el juicio contra aquellos que han hablado contra el Señor, palabras profetizadas por Enoc:*

"De estos también profetizó Enoc, séptimo desde Adán, diciendo: He aquí, vino el Señor con sus santas decenas de millares, para hacer convictos a todos los impíos de todas sus obras impías que han hecho impíamente, y de todas las

cosas duras que los pecadores impíos han hablado contra él".

También la Biblia nos confirma el juicio de Dios contra aquellos que hablan contra las autoridades superiores (celestiales), cuando 2 Pedro 2:9-10 nos dice:

"El Señor reserva a los injustos para ser castigados en el día del juicio; y mayormente a aquellos que, siguiendo la carne, andan en concupiscencia e inmundicia, y desprecian el señorío. Atrevidos y contumaces, no temen decir mal de las potestades superiores").

Comentario al Libro de los Vigilantes:

Esta primera sección se llamó el libro de los Vigilantes, sección que nos presenta una parte significativa de contenido en común con la Biblia. Por ejemplo, podemos ver personajes referidos o mencionados directamente, como: Adán y Eva, los hermanos Caín y Abel.

Por supuesto, un tema que llama profundamente la atención: el matrimonio o unión de los ángeles ("hijos de Dios") con las hijas de los hombres. Este último tema, es asunto de discusión por teólogos e intérpretes de la Biblia hoy día.

Respecto a la (posible) unión de ángeles con las hijas de los hombres, la Biblia hace mención en algunos versículos de Génesis seis, mientras que esta narración viene a ser el principal tema del Libro de los Vigilantes en el Libro de Enoc, tema que se cruza con la narración de la caída de los ángeles malos. Caída que se da por la rebelión de los Vigilantes o seres celestiales que trae la maldad sobre la tierra y predice el juicio del Señor.

Resumen de esta sección de los Vigilantes:

Doscientos ángeles descendieron a la tierra y tomaron mujeres, las cuales eran muy hermosas. De esta unión nacieron los gigantes, quienes se destacaron por su voraz apetito, comían de todo, e incluso llegaron a devorar hombres, animales e incluso entre ellos mismos.

El Libro de Enoc enseña que los ángeles desobedientes enseñaron a las mujeres la agricultura, y el conocimiento de los árboles y de las plantas. Estos ángeles enseñaron a los hombres el arte de fabricar espadas, cuchillos, escudos y corazas, el trabajo de los metales.

También enseñaron el arte de pintarse con antimonio, y como embellecer los ojos, los parpados, así como les enseñaron acerca de las piedras preciosas y los tintes de color.

También Amiziras instruye a los encantadores y a aquellos que cortaban las raíces.

Aramros instruyó acerca de los hechizos y como romperlos.

Baraquiel fue quien enseñó y dio instrucciones a los astrólogos.

Kikabiel fue quien enseñó sobre los presagios.

Tauriel enseñó el significado de las estrellas.

Asradiel fue quien enseñó sobre el curso que sigue la luna.

Con todas estas cosas los seres humanos cayeron en pecado. Dios envía ángeles para que den aviso a Noé sobre el diluvio o castigo que vendrá. Encarga a Miguel para que haga desparecer la opresión de la Tierra, y que sean la justicia y la verdad, las que prevalezcan.

"Que todos los hombres se vuelvan justos y que todas los pueblos me bendigan y todos me adorarán".

Enoc tiene un sueño en el que es ascendido a los cielos. El Señor le encomienda dirigirse a los ángeles malos, quienes transmitieron un secreto a las mueres y éstas lo difundieron trayendo mal a la tierra.

Enoc recorre la bóveda celestial donde conoce los lugares de la tempestad, de la luz y del trueno, conoce los vientos, las siete montañas preciosas, la mansión de los muertos antes del juicio final, las puertas por donde nacen los astros, entre otras cosas.

Capítulo 6: Los gigantes (Nephilim) desde tiempos antiguos y la Biblia:

La Biblia misma como libro que guarda registros antiguos y hace referencia a los tiempos más remotos, nos enseña que había gigantes en la tierra antes del diluvio, y también después de aquel juicio, veamos:

Génesis 6:4 "Había gigantes en la tierra en aquellos días, y también después que se llegaron los hijos de Dios a las hijas de los hombres, y les engendraron hijos".

Posteriormente, la Biblia menciona otros gigantes en la tierra de Canaán, y en tiempos del rey David. Al parecer, estos últimos pertenecían a cierta raza de gigantes de la tierra de Canaán, y diferían de los primeros de Génesis seis, pues estos eran descendientes de la unión de los ángeles rebeldes con las mujeres de la tierra.

Dentro de la literatura apócrifa el libro de Baruc 3:24-27 nos dice: "Oh Israel, cuán grande es la casa de Dios, y cuán vasto es su dominio. Es muy grande y no tiene término. <u>Allí nacieron los gigantes, los famosos desde la antigüedad, de alta estatura, diestros en la guerra</u>. Pero, no eligió Dios a éstos, ni les dio a conocer el camino de la sabiduría, y así perecieron por falta de prudencia".

Sin duda alguna, estos gigantes generaban mucho temor, hasta el punto, entre los israelitas de no querer pelear contra ellos. Otros pueblos también conocían y temían a estos gigantes, a quienes llamaban: enaquitas, refaitas, emitas, entre otros.

Otros textos de la Biblia y muchos registros antiguos nos permiten ver su estilo de vida, es decir, ellos vivían en ciudades (a veces grandes), formaban familias, trabajaban la piedra y los metales. Eran además muy buenos guerreros, algunos famosos gigantes fueron:

Og, rey de Basán.
Arbé, famoso entre su pueblo.
Goliat y Dodo, fuertes y famosos guerreros que militaban en las filas del ejército filisteo.
Rafa, antepasado y patriarca de otros hombres de gran estatura.

Sigue siendo muy interesante para la ciencia la desaparición de estos gigantes.

Hallazgos arqueológicos:

El hallazgo de grandes esqueletos humanos o restos parecen confirmar que en épocas antiguas algunas zonas de la tierra estuvieron pobladas por gigantes; y por supuesto, muchas tradiciones y culturas dan cuentan de historias que narran la presencia y hazañas de estos gigantes.

Hallamos registros históricos de estos seres en la Biblia, en textos sagrados de Tailandia, en la mitología griega, en las culturas aztecas, egipcias, europeas, etc; su huella palpable a través de los restos de sus inmensas y antiguas construcciones.

Mediante restos hallados por todo el territorio norteamericano se palpa esta verdad. Por ejemplo, en el año de 1883, unos soldados sacaron en el estado de Nevada, los restos de un hombre de tres metros y medio. En 1993 fueron desenterrados en Arizona (en el Gran Cañón) los restos petrificados de dos gigantes de 4,5 y 5,5 metros de altura.

Se han hallado restos gigantes en Centro y Sur América. Por ejemplo, en el Museo del Oro de Lima Perú, se conserva un cráneo gigantesco humano.

Otros restos y hallazgos se pueden ver en el Reino Unido y en Irlanda. En Chenini Túnez, se descubrió un cementerio de gigantes de tres metros.

En la ciudad de Bathurst (Australia) se encontró, junto a unas herramientas, un gigantesco molar que, según los expertos, pudo haber sido de un ser humano de 7,5 metros de altura y unos quinientos kilogramos de peso.

Los Nephilim o Nefilim, desde la Sagrada Escritura:

Génesis 6:4 "Había gigantes *(del hebreo: nefil)* en la tierra en aquellos días".

Según observamos en la Biblia, en el Libro de Génesis 6:1-4, surge una raza como resultado de la unión antinatural entre ángeles malvados y mujeres de la tierra, gigantes que habrían existido en la época de Enoc y Noé. Según podemos concluir, esta raza de gigantes se habría extinguido con el diluvio universal.

Debemos tener en cuenta que en el Libro de Números de la Sagrada Escritura se utiliza la misma palabra hebrea (nephilim) para referirse a unos hombres de gran altura que habitaban en la tierra cananea, descendientes de Anac. Tribu de personas de gran estatura.

Números 13:33 "También vimos allí gigantes *(del hebreo: nefil),* hijos de Anac, raza de los gigantes".

Por lo tanto, para muchos intérpretes de la Biblia, estos no se corresponden con los gigantes del capítulo seis de Génesis.

Capítulo 7: Los gigantes según el registro bíblico.

1) Goliat, el gigante de Gat.

Es muy importante tener en cuenta que cuando Israel inicia la conquista de la tierra prometida una de las cosas que desanimó al pueblo hebreo es que los diez espías hablaron de los gigantes que habitaban allí, y que decían ellos, eran tan grandes y poderosos que no podrían vencerlos. Eso llevó el pueblo a murmurar y a andar por el desierto cuarenta años.

David y su fe en el poder del Dios viviente. 1 Samuel 17:26

"Entonces habló David a los que estaban junto a él, diciendo: ¿Qué harán a aquel hombre que venciere a este filisteo, y quitare el oprobio de Israel? Porque ¿quién es este filisteo incircunciso, para que provoque a los escuadrones del Dios viviente?".

Debemos tener en cuenta que aquella fe de David estaba soportada en una vida personal de adoración, él era por excelencia un adorador. Su espíritu se enardecía al ver cómo aquel gigante filisteo provocaba al pueblo de Dios, y su deseo era quitar el oprobio (vergüenza, insulto) de Israel.

También es muy interesante ver que empezando desde el rey Saúl hasta el último soldado hebreo todos tenían miedo, sin embargo David declara lo que en realidad son, él los ve como "los escuadrones del Dios viviente".

¿Quién era Goliat?

Gigante filisteo, con una altura aproximada de tres metros. Soldado principal de su ejército. Su nombre "Goliat" y la raíz de ésta palabra, nos permite ver varios significados: El que toma cautivos y los despoja. Destierro (a quienes lleva cautivos). Rebelión (no se sujeta a Dios y promueve la desobediencia).

Entonces cuando no puede con sus ataques sacar al hijo de Dios de la cobertura divina, promueve la rebelión del cristiano para luego hacerlo un cautivo suyo y quitarle todo lo que tiene (despojarlo), y además hacer su vida estéril en todos los aspectos.

Goliat era un filisteo. Los filisteos eran una nación guerrera, por eso con frecuencia hubo guerra entre filisteos e israelitas. Los filisteos eran idólatras, sus principales dioses eran Dagón, Astoret y Baal-zebub; siendo Dagón el más importante para ellos. El mismo Goliat era adorador de aquellos dioses, **1 Samuel 17:42-43**

"Y cuando el filisteo miró y vio a David, le tuvo en poco; porque era muchacho, y rubio, y de hermoso parecer. Y dijo el filisteo a David: ¿Soy yo perro, para que vengas a mí con palos? Y maldijo a David por sus dioses". Es interesante ver que de nada le sirvieron aquellos dioses, pues Goliat fue derrotado, esto se debe a que hay un solo Dios verdadero y Todopoderoso.

La fe de David fue superior al poder de Goliat, 1 Samuel 17:45, 50

"Entonces dijo David al filisteo: Tú vienes a mí con espada, lanza y jabalina: más yo vengo a ti en el nombre de Jehová de los ejércitos, el Dios de los escuadrones de Israel, a quien tú has provocado… David venció al filisteo con honda y piedra; e hirió al filisteo y lo mató, sin tener David espada en su mano".

David declara su fe en el poder de Dios, él está seguro que aquel gigante caería ante el poderoso nombre de Jehová de los ejércitos. Aquella fe lo impulsó a correr a la línea de batalla, y lanzó una piedra con el respaldo de Dios logrando una gran victoria.

Quizá el problema sea grande pero el poder de Dios siempre será mayor. Sin espada en su mano David venció, entonces no se trata de nuestras capacidades sino del poder del Señor.

Goliat cayó cuán grande era, el Señor respaldó a David. En esta batalla podemos ver la importancia y poder de la fe en Dios, aprendemos que no importa el tamaño del problema, o la altura del obstáculo, lo más importante es confiar en el cuidado de Dios. Él nunca te desamparará.

Cuidado con las palabras.

La Biblia nos enseña que la vida y la muerte están en poder de la lengua, por eso es tan importante cuidar lo que decimos. El diablo también conoce el poder de las palabras, y por eso las usa para lanzar palabras de fracaso, de ruina, y provocar la desobediencia del hijo de Dios con las tristes consecuencias que esto implica. La palabra de Dios es fiel y poderosa, es una espada en nuestra boca con la que podemos derrotar los poderes del enemigo.

La principal arma de Goliat no era su espada, ni su lanza, ni su jabalina, era su boca, pues con sus palabras había logrado infundir miedo en todo el ejército de Israel, de tal manera que nadie salía a la batalla contra aquel gigante: **1 Samuel 17:8-11**

"Y se paró y dio voces a los escuadrones de Israel, diciéndoles: ¿Para qué os habéis puesto en orden de batalla? ¿No soy yo el filisteo, y vosotros los siervos de Saúl? Escoged de entre vosotros un hombre que venga contra mí… Hoy he desafiado al campamento de Israel; dadme un hombre que pelle conmigo. Oyendo Saúl y todo Israel estas palabras del filisteo, se turbaron y tuvieron gran miedo".

Nos dice la Biblia que "Saúl y todo Israel oyendo las palabras del filisteo se turbaron y tuvieron <u>gran miedo</u>". La palabra "turbaron" desde el hebreo traduce en primer lugar: postrar, derribar. Entonces toda su fe, seguridad y fortaleza se vinieron abajo ante las palabras del gigante Goliat.

Goliat es "uno o aquello que infunde miedo". Los filisteos fueron opresores de Israel en diferentes periodos, generalmente se imponían sobre el pueblo hebreo como consecuencia de su infidelidad a Dios (idolatría). Israel entonces caía bajo el temor y les pagaba tributo o les servía.

Los filisteos usaban el temor de Israel para mantenerlos subyugados. Hay situaciones que afligen al cristiano y éste piensa que nada puede cambiar su situación, y el miedo no le permite salir de su condición.

El enemigo de nuestras almas utiliza palabras para generar incredulidad, angustia, miedo, procura hacer ver el obstáculo más grande de lo que es en realidad. Así como la fe ve el respaldo y bendición de Dios; en contraste el miedo ve el fracaso y la ruina, la caída y la vergüenza; y esto logra impedir el avance del cristiano.

Es muy importante tener en cuenta que David usó las palabras correctas ante Goliat, incluso peleó contra aquel gigante en el nombre de Jehová de los ejércitos, y vemos que el Señor le dio la victoria.

La Biblia nos dice respecto a los planes del diablo "No podemos ignorar sus maquinaciones". Mediante palabras el reino de las tinieblas procura detener al hijo de Dios al generar miedo en su corazón, en contraste la palabra de Dios genera fe y fortaleza para avanzar y alcanzar la bendición del Señor.

Tú puedes vencer tu gigante.

Todos enfrentamos diversos obstáculos y adversidades que superar, algunas veces aparece el desánimo o la duda, el miedo o la incredulidad, pero por encima de todo, Dios está con nosotros y él nos fortalece y equipa para vencer y avanzar. Consideremos las armas que David usó para derrotar al gigante Goliat:

a) <u>Su fe en Dios</u>. **1 Samuel 17:45** "Entonces dijo David al filisteo: Tú vienes a mí con espada, lanza y jabalina; más yo vengo a ti en el nombre de Jehová de los ejército, el Dios de los escuadrones de Israel, a quien tú has provocado".

David era consciente de todas las armas que Goliat tenía, y en las cuales era un experto guerrero. También éste versículo nos deja ver como David usa el tremendo poder que hay en el nombre de Dios. Recordemos entonces que Jesús nos dijo: "En mi nombre echarán fuera demonios".

b) <u>Su seguridad en lo que Dios le había dado</u>. **1 Samuel 17:40-41**, David antes de ir a la línea de batalla va un arroyo cercano y escogió cinco piedras lisas y las puso en su morral, y tomando su honda fue hacia el filisteo. David no pudo usar la armadura del rey Saúl, porque era grande y él nunca había usado aquellas cosas. Más bien utiliza la habilidad que Dios le había permitido desarrollar mientras cuidaba las ovejas y las defendía del oso y el león.

Asunto que nos recuerda usar las armas espirituales que Dios nos ha dado. Nuestra batalla hoy no es contra carne ni sangre sino contras espíritus inmundos, ante los cuales debemos usar el poderoso nombre de Jesucristo nuestro Señor, la espada del Espíritu que es la palabra de Dios, la sangre del Cordero, la oración, el ayuno, etc. Además de servir al Señor con los dones que él nos ha dado.

c) <u>Sabiduría y diligencia</u>. **1 Samuel 17:48-50**. No es suficiente con tener conocimiento, debe ser aplicado correctamente, y esto es sabiduría. David no se anticipó ni se demoró, hizo las cosas correctamente y en el momento perfecto. Se dio prisa y corrió cuando tenía que hacerlo, luego se detuvo, calculó y lanzó la piedra en el momento preciso. Debemos ser reflexivos, actuar guiados por Dios, y ser diligentes y no negligentes.

La victoria no sólo es para ti, los tuyos también serán bendecidos. 1 Samuel 17:52-53.

"Levantándose luego los de Israel, y los de Judá, gritaron y siguieron a los filisteos hasta llegar al valle, y hasta las puertas de Ecrón. Y cayeron los heridos de los filisteos por el camino de Saaraim hasta Gat y Ecrón. Y volvieron los hijos de Israel de seguir tras los filisteos, y saquearon su campamento".

Ante la caída de su paladín (guerrero gigante) los filisteos huyeron, y los israelitas iniciaron una persecución contra ellos, muchos filisteos murieron, y saquearon los soldados israelitas el campamento filisteo.

Entonces hablamos no sólo de quebrar el oprobio y la aflicción, sino de alcanzar el botín o la recompensa. Después de toda batalla hay una recompensa, entonces no sólo verás la victoria en tu vida, habrá recompensa para ti y para los tuyos.

Así como Dios le dio la victoria a David, quiere el Señor que nosotros derribemos a los gigantes que se oponen al plan de Dios en nuestra vida, o que derribemos aquellos obstáculos que enredan nuestra vida estancando nuestra avanzada.

No hay gigante más grande que el poder del Señor.

David con plena convicción en el poder de Dios enfrentó a Goliat y alcanzó una gran victoria. David derrotó a Goliat y la manera en que lo hizo nos sirve hoy de inspiración y modelo para superar nuestros propios obstáculos y dificultades.

1 Samuel 17:45-48 nos dice: "Entonces dijo David al filisteo: Tú vienes a mí con espada, lanza y escudo; más yo vengo a ti en el nombre de Jehová de los ejércitos, el Dios de los escuadrones de Israel, que tú has provocado. Jehová te entregará hoy en mi mano, y yo te venceré... y sabrá toda la tierra que hay Dios en Israel.

Y sabrá toda esta congregación que Jehová no salva con espada y lanza; porque de Jehová es la batalla, y Él os entregará en nuestras manos. Y aconteció que cuando el filisteo se levantó y venía acercándose al encuentro de David, David se dio prisa y corrió hacia el combate contra el filisteo"

Mediante la fe en Dios es posible avanzar y conquistar lo que Dios ha prometido darnos, en contraste el objetivo principal del miedo es impedir el avance o crecimiento del cristiano. Ésta arma de las tinieblas procura cegar al hijo de Dios para que no vea el gran poder que el Señor ha puesto en él. El miedo cae en la medida en que avanzas.

El miedo busca tener atado al cristiano para que no use lo que Dios le ha dado. El miedo fabrica pinturas de caos, fracaso y ruina ante los ojos del cristiano para que no pueda ver los maravillosos planes que Padre celestial le ha diseñado.

¿Cómo derrotar el miedo?

Recordando que el temor del hombre pone lazo ¿Cómo romper esa atadura? ¿Cómo enfrentar el miedo al gigante? Veamos algunas cosas a la luz de lo que hizo David contra Goliat:

1) Las victorias del pasado han sido entrenamientos para las batallas del futuro (1 Samuel 17:34-35). Donde David le cuenta al rey Saúl como él pudo vencer al oso y al león cuando venían contra las ovejas que cuidaba, y de igual manera derrotaría a Goliat.

2) La victoria está fundada en lo que Cristo alcanzó en la cruz. Vemos que David mismo avanza en el nombre de Jehová de los ejércitos (1 Samuel 17:45 "Entonces dijo David al filisteo: Tú vienes a mí con espada, lanza y escudo; más yo vengo a ti en el nombre de Jehová de los ejércitos, el Dios de los escuadrones de Israel, que tú has provocado").

Nosotros hoy avanzamos en el nombre que es sobre todo nombre: Jesucristo nuestro Señor.

3) Haz tu parte y Dios hará la suya (1 Samuel 17:47 "Y sabrá toda esta congregación que Jehová no salva con espada y lanza; porque de Jehová es la batalla, y Él os entregará en nuestras manos").

La frase Jehová no salva con espada y con lanza nos recuerda las palabras de Dios a través del profeta Hageo que también nos dice: "no es con ejército ni con fuerza sino con mi Santo Espíritu". David usó su honda y una piedra, él hizo su parte y Dios hizo el resto. No tienes que hacerlo todo, haz lo que te corresponde y él peleará por ti, porque de Jehová es la batalla.

4) La fe en Dios es más fuerte que el miedo (1 Samuel 17:48 "Y aconteció que cuando el filisteo se levantó y venía acercándose al encuentro de David, David se dio prisa y corrió hacia el combate contra el filisteo").

Seguramente algunos soldados se cubrieron sus ojos, otros dirían "pobre muchacho", etc, pero ninguno oró creo yo, pues el miedo era un reflejo de la débil comunión con Dios, a diferencia de David que como buen adorador veía la grandeza y poder del Señor ante todo obstáculo que aparecía en su camino.

5) La fe es el arma con la que es derribado el miedo, la fe va mucho más allá de una confesión, la fe es aquella firme convicción, es esa certeza plena en el poder y cuidado de Dios, resultado de conocerlo, de caminar con él y de confiar en sus palabras, pues él no miente.

6) La piedra le dio un golpe mortal en la cabeza a Goliat, ya que la cabeza representa poder, debemos derribar el poder o aquello que alimenta el miedo, por ejemplo: miedo por herencia (madres o padres que viven y sufren el miedo), embarazos traumáticos, experiencias en la niñez (películas con altas dosis de terror que ven los niños), traumas en la adolescencia (maltrato violento que produce terror a las autoridades), vergüenzas y fracasos, etc.

Dios no cambia, él es Todopoderoso. Jesucristo sigue sanando, restaurando, él rompe las ataduras, libera y lleva a sus hijos a la victoria. Si el enemigo ha puesto lazo por el temor, renunciemos a las obras de las tinieblas y apropiémonos de lo que Jesús alcanzó para nosotros en la cruz del calvario.

2) La caída del gigante Sipai.

Aquí veremos cómo derribar el gigante que impide el avance. La Biblia nos dice que la palabra de Dios es una semilla que genera vida, salud, fortaleza, bendición, etc.

El reino de las tinieblas también tiene sus semillas, mediante éstas busca hacer germinar y multiplicar la maldad, la muerte, la rebelión, el odio, la ruina, y la desobediencia en el corazón humano.

Sin embargo, Dios nos ha dado su Espíritu Santo y su palabra para tener vida y vida en abundancia, no permitamos que el diablo se lleve lo que el Señor ha destinado para nosotros.

Con Dios la victoria es nuestra.

Dios respaldaba con su bendición y poder a David y a su ejército, 1 Crónicas 20:1 "Aconteció a la vuelta del año, en el tiempo que suelen los reyes salir a la guerra, que Joab sacó las fuerzas del ejército, y destruyó la tierra de los hijos de Amón, y vino y sitió a Rabá. Más David estaba en Jerusalén; y Joab batió a Rabá, y la destruyó".

El reino de David tuvo que enfrentar diversos enemigos y a otros gigantes, además de Goliat. La Biblia nos enseña en el primer libro de Crónicas capítulos 18 al 20 que el rey David estaba en un tiempo de crecimiento y expansión. El respaldo y bendición de Dios con él eran impresionantes.

El rey David estaba haciendo la voluntad del Señor, todas las cosas marchaban muy bien, el ejército de David avanzaba y ningún enemigo podía resistirse, pues siempre Dios será más grande.

Dios recompensa a sus soldados, 1 Crónicas 20:2 "Y tomó David la corona encima de la cabeza del rey de Rabá, y la halló de peso de un talento de oro, y había en ella piedras preciosas; y fue puesta sobre la cabeza de David. Además de esto sacó de la ciudad muy grande botín".

La Biblia nos enseña de comienzo a fin que el Señor bendice a aquellos que pelean sus batallas. Por ejemplo, nos dice la Biblia en 1 Corintios 15:58 "Hermanos míos amados, estad firmes y constantes, creciendo en la obra del Señor siempre, sabiendo que vuestro trabajo en el Señor no es en vano".

Éste versículo de Crónicas (20:2) nos deja ver una corona de oro de un talento (el cual indica un peso de 34 kilogramos), y tenía además piedras preciosas. Además los israelitas tomaron muy grande botín. Vemos pues que el Señor recompensa a sus soldados, así que persevera, fortalécete en Dios y continua, el Señor viene con recompensa. Nunca será en vano tu servicio a Dios.

No podemos ignorar las maquinaciones del enemigo, 1 Crónicas 20:4.

"Después de esto aconteció que se levantó guerra en Gezer contra los filisteos; y Sibecai husatita mató a Sipai de los descendientes de los gigantes; y fueron humillados".

Aunque el reino de David venía en expansión, un gigante filisteo se levanta contra Israel pero Dios estuvo con su pueblo y usó a Sibecai para derribar al gigante Sipai, y fueron los gigantes humilladlos. Asunto que nos recuerda que Dios siempre será más grande.

No podemos ignorar las maquinaciones del enemigo, pues todo estaba marchando bien y aquel gigante se levantó, por eso debemos caminar con discernimiento y sabiduría, y en el poder de nuestro Dios. A pesar de éste obstáculo el ejército de David siguió avanzando pues Dios estaba con ellos, y eso es lo más importante.

Como soldados del ejército de Dios debemos ser conscientes del poder y autoridad que le Señor nos ha dado, así como no debemos ser indiferentes a las trampas del enemigo. Dios por su Espíritu Santo nos revela y equipa para derrotar a todo gigante que quiera venir contra nuestra vida o familia.

Una vez nos convertimos a Jesucristo, empezamos a conocer las verdades de su reino, su poder y autoridad, y que el reino de las tinieblas procura dañar o detener los planes de Dios, ante esta verdad no podemos ser indiferentes. Por eso el Señor nos capacita, enseña y equipa para derrotar las estrategias del mal. En Cristo somos más que vencedores.

Dios te ayuda, y por él puedes vencer.

La derrota del gigante filisteo Sipai, 1 Crónicas 20:4 "Después de esto aconteció que se levantó guerra en Gezer contra los filisteos, y Sibecai husatita mató a Sipai, de los descendientes de los gigantes, y fueron humillados".

Es necesario que veamos al detalle varias cosas que éste versículo cuatro nos enseña:

<u>La batalla se da en Gezer</u>. La palabra "Gezer" significa: porción, algo cortado, separado. Ciudad que estuvo por siglos en manos cananeas, y fue asignada a los levitas, quienes por mucho tiempo no pudieron usarla. Fue entregada por Dios a los levitas, pero los descendientes de los gigantes no querían entregarla.

Vemos pues que aquel gigante Sipai estaba allí para estorbar e impedir las funciones sacerdotales de los levitas (representa a aquel o aquello que procura impedir el servicio, el ministerio, el ejercicio de los dones espirituales en Cristo, etc).

<u>Aquel gigante se llama Sipai</u>. Éste nombre significa: Guardia del umbral o de la puerta principal. Tazón o vasija que contiene. Vemos en primer lugar un símbolo de aquel o

aquello que impide el acceso o controla el paso. Un objetivo de las tinieblas es impedir que la iglesia del Señor, y por tanto el cristiano avance a nuevos niveles de fe y poder en Cristo.

En segundo lugar representa aquello que pone límites, estanca o busca retener lo que Dios ha planeado dar. Por eso la figura de "vasija que contiene". Todas las bendiciones nos han sido dadas por su divino poder, nos dice la Biblia, pero hay muchas bendiciones de Dios que no se han manifestado, esto puede ser por un estorbo demoniaco.

Por ejemplo la mujer que andaba encorvada, y Jesús dijo: "Y a esta hija de Abraham, que Satanás había atado dieciocho años, ¿no se le debía desatar de esta ligadura en el día de reposo? Lucas 13:16.

Estuvo en esa condición por dieciocho años en los que el enemigo le quitó la salud, el gozo y una vida normal. Pero Jesucristo el Señor apareció para deshacer las obras del diablo.

<u>Es derrotado por Sibecai, husatita.</u> La raíz del nombre "Sibecai" significa: envolver, entretejer. En la Biblia se usa en dos versículos para referirse al entretejido (trenzado) que forman las ramas o raíces de un árbol.

Las ramas entretejidas dan sombra y amortiguan una caída, las raíces entretejidas o trenzadas son más fuertes para sostener un gran árbol y son sumamente difíciles de arrancar.

Esto nos habla de la importancia de la unidad, del amor hacia el hermano, de la capacidad para perdonar al otro. Por eso las tinieblas buscan crear diferencias entre los hermanos, conflictos en la familia, raíces de amargura y resentimientos que se convierten en armas del enemigo.

El resentimiento y el enojo son semillas demoniacas que quedan sin vida, cuando permitimos que el amor de Dios dirija nuestros corazones.

Sibecai era husatita, y el término "husatita" indica avance rápido, diligencia, darse prisa. Sí Sibecai nos habla de amor y unidad, y husatita de diligencia y rapidez, entonces no debemos ser negligentes, indiferentes o pasivos ante el resentimiento o ante las raíces de amargura que el diablo quiere sembrar en los hogares o entre los hermanos. Por el amor de Dios y su poder podemos vencer las estrategias o los gigantes que el diablo levanta contra nuestras vidas.

Por eso debemos ir a la presencia de Dios, en oración perdonar la ofensa y bendigamos a quien dice mal de nosotros, devolvamos bien por mal, Dios nos fortalece y nos da su amor para tolerar al otro, y vivir en unidad para la gloria de Dios.

No sea tu corazón terreno fértil de la amargura o el resentimiento. Permitamos a Dios sanar el corazón, y así fluir en la vida de Cristo en nosotros.

Es necesario poner el consejo de Dios por encima de nuestros razonamientos, es necesario creer las palabras del Señor y seguir su dirección, allí está el secreto de la victoria y la bendición.

Esfuérzate Dios está de tu lado.

Cuando el pueblo de Israel está a punto de entrar a la tierra prometida, ya el Señor había decretado la entrega de la tierra de Canaán a los hebreos, entonces vienen a Moisés para enviar algunos espías a esa tierra, pero su objetivo no fue era un plan de guerra, sino que querían saber sí era posible la victoria.

Ellos querían considerar sus posibilidades, esto lo podemos ver pues al final se lamentan por el gran tamaño de los gigantes y las inmensas murallas de aquellas ciudades. Todo esto nos recuerda que la fe obedece al Señor aunque el avanzar tenga gigantes y muros que derribar, ya que no se trata de fuerza humana sino del gran poder de Dios.

Nos dice la Biblia en Deuteronomio 1:22-15 "Entonces todos ustedes se acercaron a mí, y dijeron: 'Enviemos hombres delante de nosotros, que nos exploren la tierra... "Me agradó el plan, y tomé a doce hombres de entre ustedes, un hombre por cada tribu. "Ellos salieron y subieron a la región montañosa, y llegaron hasta el Valle de Escol, y reconocieron la tierra. "Entonces tomaron en sus manos del fruto de la tierra y nos lo trajeron; y nos dieron un informe y dijeron: 'Es una tierra buena que el SEÑOR nuestro Dios nos da"

Debemos tener presente que la fe camina por encima de los sentidos físicos, la fe nos lleva a avanzar aunque el sendero sea complicado. Los espías israelitas reconocen aquella buena tierra, pero ellos no creen que sea posible conquistarla.

Fueron a ver la tierra porque: "le pareció bien a Moisés" y a ellos (versículo 23), pero lamentablemente lo que hicieron fue desanimarse y desalentar al resto del pueblo hebreo.

Lo que ellos habían hecho no le pareció bien al Señor, pues esto era más bien incredulidad y desconfianza en él. Los doce espías no estaban creyendo que el Señor les daría una gran victoria sobre sus enemigos, ellos no avanzaron en la perfecta voluntad divina.

Lamentablemente el pueblo de Israel pensó más en los gigantes y murallas, que en el inmenso poder de Dios.

El razonamiento de los hombres produce muchas dudas, murmura y finalmente desobedece, Deuteronomio 1:26-27 nos dice: "...no quisisteis subir, fuisteis rebeldes al mandato de Jehová; y murmurasteis en vuestras tiendas, diciendo: Jehová nos aborrece...".

Este pasaje bíblico nos hace reflexionar en varias asuntos: Ellos vieron a los gigantes cananeos, pero no veían la grandeza del

Señor. Además consideraron las inmensas murallas, pero no el gran poder del Señor. La Biblia nos enseña entonces que la muralla más poderosa no era la de Jericó, sino la de su propia incredulidad.

Ellos dieron más valor a la duda que a la fe en las promesas del Señor. La fe en Dios logra derribar gigantes y las más altas y poderosas murallas, Deuteronomio 1:28-29.

Entonces ten cuidado y no escuches las voces incrédulas y temerosas, escucha al Señor y esfuérzate haciendo su perfecta voluntad.

Los gigantes se levantan y amenazan con su voz, con su gran tamaño y menosprecian las palabras del Señor, pero la fe que persevera los verá caer, como un día cayó Goliat ante la fe y valor del joven David. La fe nos hace testigos y protagonistas de las grandes obras del Señor.

La Biblia nos dice que Moisés declara: "Jehová vuestro Dios, el cual va delante de vosotros, él peleará por vosotros, conforme a todas las cosas que hizo por vosotros en Egipto" Deuteronomio 1:30.

Algo así como si Moisés dijera: "No miren el tamaño de los gigantes, miren la grandeza y poder del Señor. Recuerden todo lo que él hizo, derrotó a faraón y su imperio, abrió el mar rojo y allí murieron miles del ejército egipcio, Amalec y sus miles fueron derrotados.

El Señor hizo milagros maravillosos en medio del desierto y ante sus diversos enemigos, y todo esto lo ha hecho no para volver atrás, sino para avanzar y conquistar ahora lo que él ha planeado para su pueblo.

El Señor guía a su pueblo, y lo lleva su perfecto plan. Tal vez el camino tenga algunas dificultades que superar, pero él ha prometido a sus hijos la victoria, él es fiel y no fallará, por eso avanza, no dejes de hacerlo el Señor va contigo, y su poder te acompaña, todo gigante caerá.

3) Un tercer gigante, llamado Lahmi.

Uno de los nombres de Dios es "Jehová de los ejércitos" lo que nos deja ver que él es guerrero, y que como cristianos somos parte de su ejército.

La Biblia nos enseña que tenemos una batalla espiritual, Jesucristo nos hado las armas para vencer y es necesario ejercitarnos para mantener la actitud correcta frente a esta realidad. En él avanzamos en victoria, pues está escrito "las puertas del hades no prevalecerán contra mi iglesia".

Ten fe, Dios te ayudará. Debemos tener presente una verdad espiritual: somos soldados del ejército de Dios. Nos dice 1

Crónicas 20:5 "Volvió a levantarse guerra contra los filisteos; y Elhanán hijo de Jair mató a Lahmi, hermano de Goliat geteo, el asta de cuya lanza era como un rodillo de telar".

Es muy interesante la frase con la que empieza el versículo anterior: "Volvió a levantarse guerra". La mayoría de otras versiones indican "hubo guerra de nuevo contra los filisteos". Pues esto nos recuerda que el enemigo no queda inactivo por haber perdido una batalla anteriormente, él vuelve y lo intenta.

Cuando Jesús venció al tentador en el desierto, la Escritura nos dice que "el diablo se apartó de él por algún tiempo" lo que de manera implícita nos está diciendo que posteriormente el tentador volvió y lo tentó, por ejemplo a través de los escribas y fariseos quienes nos dice la Biblia con preguntas tentaban al Señor.

A medida que estos gigantes se levantaban, los soldados del ejército de David no sólo se hacían más fuertes, sino que se volvían diestros y expertos en derribar gigantes, entonces los gigantes que un día mantenían con gran temor a Israel, ahora le temían al pueblo de Dios.

La fe es un arma poderosa.

Las pruebas y situaciones difíciles en nuestra vida nos ayudan a madurar y hacernos más fuertes, nuestra fe en Dios crece y así podemos avanzar por cosas mayóres. Recuerda que el hierro es forjado al fuego.

La Biblia nos dice que Dios levantó a Elhanán quien derrotó al gigante Lahmi, quien era hermano de Goliat. Éste tenía una gran lanza igual a la de su hermano con la que quería infundir miedo, pero Elhanán fue a combatir con fe, como lo hizo David, y así triunfó. Todo aquel que confía en Dios nunca será avergonzado.

Siempre el poder de Dios estará disponible para todo aquel que cree. A Dios le agrada que sus hijos confíen en él. Su mano poderosa siempre está presta y atenta para socorrer a los suyos, él tiene cuidado de ti.

Nos dice la Biblia que no podemos ignorar las maquinaciones del enemigo, éste siempre procura dañar y estancar los planes de Dios con sus hijos. Debemos siempre ejercer el discernimiento y utilizar las armas espirituales que el Señor Jesús nos ha dado, así avanzaremos en victoria, pues en Cristo somos más que vencedores. Dios es nuestro escudo y fortaleza, él es nuestra victoria.

Dios es tu victoria.

"Volvió a levantarse guerra contra los filisteos; y Elhanán hijo de Jair mató a Lahmi, hermano de Goliat geteo, el asta de cuya lanza era como un rodillo de telar". 1 Crónicas 20:5.

En la Biblia ¿Quién era Lahmi el gigante filisteo?

En primer lugar se nos dice que era hermano de Goliat geteo (gentilicio del habitante de Gat, así nos dice 1 Samuel 17:4 "Goliat, de Gat"), gigante que cayó derrotado por mano de David. Podemos decir que quizá actuaba en éste gigante un espíritu de venganza. El odio, la ira y los deseos de venganza hacen cometer locuras al ser humano.

Por ejemplo Absalón mató a su hermano Amnón vengando así el abuso que cometió éste con su hermana Tamar; luego Absalón cosechó la muerte siendo joven, y perdió todo derecho al trono y todos los beneficios como príncipe, hijo del rey David.

El Nuevo Testamento nos dice: "No paguéis a nadie mal por mal… no os venguéis vosotros mismos, sino dejad lugar a la ira de Dios, porque escrito está: Mía, es la venganza, yo pagaré, dice el Señor" Romanos 12:17 y 19.

En segundo lugar veamos el significado de su nombre. Su nombre "Lahmi" tiene varios significados: Mi pan (la raíz de la palabra traduce: alimento). Mi guerra. Guerrero.

Representa entonces a aquel o aquello que quita o roba el pan del pueblo de Dios, es lo que procura detener la provisión del cristiano. Su naturaleza bélica nos describe su batalla continua por impedir la bendición financiera sobre los hijos de Dios.

Hablamos de escasez, ruina, ausencia de frutos. Fracaso y decaimiento en los negocios y en el trabajo.

Podemos recordar además que el Señor Jesús dijo: "No sólo de pan vivirá el hombre, sino de toda palabra que sale de la boca de Dios". Por tanto éste gigante nos recuerda que las tinieblas procuran estorbar el alimento de la palabra para el pueblo del Señor.

Éste gigante procura todos los medios posibles para que el cristiano no lea, ni estudie, ni escuche la palabra del Señor, pues ésta es la que nutre y hace fuerte al creyente.

El asta de su lanza era como un rodillo de telar, igual que la lanza que usaba su hermano Goliat, nos habla de su gran tamaño, y cuyo objetivo era infundir miedo. Pero así como Dios estuvo con David y le dio la victoria, estuvo con Elhanán (soldado del ejército del rey David) quien derrotó a este gigante; y como estuvo el Señor con ellos también está con nosotros para darnos la victoria.

Este gigante fue derrotado por Elhanán, siervo de David, quien contó con el respaldo de Dios. Cuando avanzas por la fe y confías en el poder y cuidado de Dios, él no te dejará avergonzado. Seguramente el enemigo intentará estorbar las bendiciones sobre tu vida, o intentará detener tu avanzada, pero Dios está de tu lado, fortalécete en él y persevera el Señor te dará su victoria.

Ante momentos difíciles de la vida podemos pensar que todo va a empeorar, o que Dios no nos está escuchando. Pero la verdad es que el Señor ha estado atento a todo lo que pasa en nuestra vida, él ha prometido darnos su victoria.

Dios nos ha dado su Espíritu Santo, Cristo mora en nosotros, entonces Dios está de nuestro lado. El gigante caerá, el obstáculo será superado, el desierto quedará atrás y veremos la bendición que le Señor ha planeado.

El favor de Dios está contigo.

Nos dice 1 Crónicas 20:5 que "Volvió a levantarse guerra contra los filisteos, y Elhanán el hijo de Jair mató a Lahmi, hermano de Goliat el geteo, el asta de cuya lanza era como un rodillo de telar".

El nombre "Elhanán" es una palabra que contiene una revelación muy importante y acorde con el arma de Dios para vencer éste gigante, cuyo nombre "Lahmi" significa: pan, alimento, guerra. Es uno que estorba la provisión de Dios para sus hijos.

Elhanán, el guerrero que lo derrotó, tiene varios significados: Gracia. Dios ha mostrado su favor. Regalo. Dios es bueno.

Podemos recordar aquí a José el hijo de Jacob, que aunque era esclavo de Potifar y luego estuvo en la cárcel injustamente, el favor y la gracia del Señor estaban con él, de manera que "fue varón prospero porque Dios estaba con él, y todo lo que hacía Dios lo hacía prosperar en su mano" Génesis 39:2-3, 23. Entonces el favor y la gracia de Dios nos hacen prosperar, avanzar, ascender, triunfar, en medio de la dificultad.

El favor y la gracia de Dios nos permiten fructificar donde otros han fracasado; aunque el enemigo se levante el Señor nos bendice. Poderoso es Dios para hacer con nosotros como bendijo a Job, nos dice la Biblia "Dios aumentó al doble todas las cosas que habían sido de Job... y bendijo Jehová el postrer estado de Job más que el primero". En su bondad Dios desea lo mejor para cada uno de sus hijos.

Debemos destacar que la Biblia dice que éste gigante fue derrotado por Elhanán "hijo de Jair" y el nombre Jair significa: "Mi luz" "Quien difunde luz" "Iluminado por Dios".

Entonces, en su hijo Elhanán estaba la genética de hacer resplandecer la luz de Dios, como David, Elhanán no se conformaría viendo a éste gigante desafiar a Israel y estorbar los planes y bendiciones de Dios para su pueblo.

Es necesario que como hijos de Dios y con el fuego del Espíritu Santo en nuestro corazón no permitamos que el conformismo nos limite, que el miedo o la pereza nos impida avanzar y conquistar las bendiciones que el Señor ha planeado darnos. Adelante, el favor de Dios está contigo, pues eres su hijo.

Quizá el enemigo ha estorbado bendiciones en nuestra vida, o tal vez hemos caído en el conformismo y por tanto hemos aceptado la ausencia de la bendición de Dios.

Pero, el Señor ha planeado para su pueblo múltiples bendiciones, y nos ha equipado con las armas del espíritu para vencer. Dios quiere bendecir tu vida en todos los aspectos, incluyendo el financiero.

Dios quiere bendecirte y darte la victoria.

Cuando leemos la Biblia y vemos aquellas grandes cosas alcanzadas por los hombres de Dios nos podemos preguntar ¿Por qué no veo eso en mi vida? ¿Cómo lograr lo que el Señor me ha prometido? También sabemos que Dios es fiel y no miente, él es poderoso para hacer lo que dice, entonces nos damos cuenta que él requiere fe y perseverancia en sus hijos.

Según Números 13:1-3, 6, Caleb fue enviado para ir a reconocer la tierra prometida con otros once príncipes de Israel. Su nombre "Caleb" significa: audaz, eficaz, capaz. Resultado de conocer a Dios, y de su vida de adoración era un hombre de fe y esto lo llevaba a ser osado y a creer por cosas grandes en Dios. Por la fe es posible.

La fe en Dios te hace tener una perspectiva diferente ante los problemas, Números 13:25-32.

La mayoría de los espías no creyeron que fuera posible conquistar la tierra. Hacían énfasis en las grandes murallas y la altura de los enemigos, pero no consideraban la grandeza del poder de Dios, y llevados por su temor e incredulidad decidieron no subir a conquistar.

Caleb habla con una fe genuina en las palabras de Dios y en Su poder. No tiene duda de la victoria que el Señor les va a entregar, no importa cuán grandes son las murallas ni la estatura de los gigantes, pues Dios siempre es más grande.

Es importante destacar aquí la frase: "hablaron mal entre los hijos de Israel, de la tierra que habían reconocido". El miedo y la incredulidad nos llevan a hablar mal, es decir decimos cosas contrarias a las que Dios ha dicho, magnificamos el tamaño de los gigantes y exaltamos la altura de los muros, haciendo más grande el problema.

La fe exalta a Dios y su poder, los ojos de la fe ven siempre la grandeza del Señor y a las dificultades como oportunidades para ver Su gloria.

La fe es recompensada por el Señor, Números 14:21-24.

Dios castigo a Israel por su rebelión e incredulidad, y todos los mayores de veinte años que habían visto la gloria y el poder de Dios en Egipto y durante el camino del desierto no entraron a la tierra de la bendición (versículo 29). El temor y la incredulidad terminan convirtiéndose en rebelión, pues no se obedece el mandamiento de ir a conquistar lo que Dios nos quiere entregar.

En el versículo 24 Dios expresa de Caleb dos cosas importantes: "hubo en el otro espíritu" y "decidió ir en pos de mí". Caleb no se dejó llevar por el espíritu de incredulidad de la mayoría, y tomó la decisión de seguir a Dios y su plan, aunque ellos querían nombrar un capitán y devolverse a Egipto.

La fe y la perseverancia son necesarias para conquistar lo prometido por Dios, Josué 14:5-12.

El periodo de la conquista había empezado bajo la dirección de Josué. Caleb trae a memoria lo dicho por Moisés cuarenta y cinco años atrás (seguramente cuenta aquí los cuarenta años de peregrinación y unos cinco más de conquista de la nueva tierra). También recuerda como él se mantuvo fiel aunque los demás no creyeron en el poder de Dios y se rebelaron contra él.

A pesar de haber caminado cuarenta años por el desierto con los demás, Caleb tuvo actitudes que debemos valorar hoy día:

a) No caminó como los demás quejándose (aunque pudo haber dicho cosas como: ¿Por qué debo caminar éste desierto si los rebeldes fueron ellos? ¿Por qué debo esperar cuarenta años? O quizá podía estar enojado con todos ellos pues al final ellos impidieron su conquista personal, etc).

b) Conservaba la esperanza a pesar de la rudeza del camino.

c) Sigue creyendo en la promesa de Dios cuarenta y cinco años después, y cree que el Señor puede cumplirla.

d) Caleb sigue creyendo que Dios lo usará a él para cumplir lo que le había prometido.

Dios honra y premia la perseverante fe, Josué 14:13-15.

El texto nos enseña que Caleb recibió ésta ciudad "por cuanto había seguido fielmente a Dios". Aquella ciudad se llamaba Quiriat-arba porque Arba fue su fundador (Arba es el padre de Anac, padre de los gigantes).

Ésta ciudad que era de los gigantes vino a ser de Caleb, él expulsó a estos hombres de gran estatura porque Dios estaba con él, ésta ciudad se llamó Hebrón que significa: amigo, también se le conoce como: Casa del Amado. Allí fue sepultado el amigo de Dios: Abraham, y es la segunda ciudad más importante de la religión judía después de Jerusalén.

Es muy interesante la frase con la que termina éste capítulo: "Y la tierra descansó de la guerra". Parece que ésta conquista Dios la usó para sellar aquel tiempo de avanzada, sólo quedaba una cosa pendiente y era cumplir la promesa que Dios le había hecho a aquel hombre de fe cuarenta y cinco años atrás. El Señor es fiel y cumple lo que promete. Por la fe es posible.

Dios es poderoso y no miente. Podemos depositar toda nuestra confianza en él, pues aunque haya que superar ciertos obstáculos, al final Dios cumple su palabra.

4) ¿cómo cayó el cuarto gigante?

La Sagrada Escritura nos dice en el Primer Libro de Crónicas 20:6 "Y volvió a haber guerra en Gat, donde había un hombre de grande estatura, el cual tenía seis dedos en pies y manos, veinticuatro por todos; y era descendiente de los gigantes".

El versículo seis empieza diciendo "Y volvió a haber guerra en Gat" expresión que nos recuerda dos cosas:

El enemigo no abandona su ataque continuo.

Varios gigantes habían caído por mano de David y de sus generales, pero un nuevo gigante viene contra el pueblo de Dios. De hecho el nombre satanás desde el hebreo significa en primer lugar "adversario" "uno que se opone".

Hablamos, de uno que continuamente procura todos los medios necesarios para estorbar y detener la obra de Dios y el avance de sus hijos.

La ciudad de Gat estaba bajo el dominio filisteo, por ciertos periodos de tiempo estuvo bajo el gobierno de Israel. Su nombre "Gat" significa: Lagar de uvas, prensa o tina de vino. Aquella era una tierra fértil y había muchos viñedos y prensas de uva. Es significativo que Goliat era de allí, así como éste gigante.

Podemos ver un simbolismo aquí, y es la oposición del enemigo o batalla que éste presenta para estorbar o no permitir la bendición de la tierra para los hijos de Dios. Aquella fértil tierra producía vides abundantes y fructíferas, pero estaba bajo el dominio de los gigantes.

Dios es quien nos capacita con su poder y autoridad para vencer. El Señor bendijo a Adán con la bendición de la tierra, pero al desobedecer perdió los privilegios; sin embargo Jesucristo vino a restaurar todas las cosas, y por él podemos no sólo derrotar los obstáculos, sino cosechar las mejores bendiciones.

Como nos enseña la Biblia no hay gigante ni obstáculo más grande que nuestro Dios. Como nos dice la Escritura debemos avanzar "puestos los ojos en Jesús", él es nuestra inspiración y fortaleza.

Algunas veces por la tentación o por estrategias del enemigo el cristiano toma el camino equivocado, y ante la ausencia de la luz de Dios el creyente tropieza y el dolor es cosecha de su camino. Las tinieblas siempre pagan mal y por eso Dios nos alienta a seguir su camino, Cristo es la luz verdadera y quien lo sigue no tropezará, más bien las bendiciones le seguirán.

La luz de Dios debe iluminar nuestro camino.

El enemigo trabaja encubiertamente. 1 Crónicas 20:6 "Y volvió a haber guerra en Gat, donde había un hombre de grande estatura, el cual tenía seis dedos en pies y manos, veinticuatro por todos, y era descendiente de los gigantes".

Aquí podemos ver que aquel gigante no tenía nombre, a diferencia de los anteriores, como: Goliat, Sipai y Lahmi. El hecho de que sea desconocido su nombre nos permite concluir que trabaja solapadamente, encubiertamente, no revela sus verdaderos propósitos, sino que trabaja de manera disimulada. Trabaja en secreto carcomiendo la fortaleza espiritual y la pasión del cristiano por Dios.

Es muy interesante tener en cuenta que tenía seis dedos en cada una de sus extremidades, para un total de "veinticuatro dedos por todos" nos dice la Biblia.

En la Escritura el número seis hace referencia a lo humano, es el número imperfecto (pues el perfecto es el número 7); es el humanismo que desplaza a Dios; el 666 es el número del anticristo, entonces se hace referencia aquí a aquel o aquello que no está alineado con Dios, no está de acuerdo con el diseño del Señor, se opone a Dios.

El número veinticuatro en la Biblia hace referencia al gobierno y culto a Dios. Gobierno porque veinticuatro es múltiplo de doce, y doce es administración, autoridad y gobierno; y culto a Dios porque había 24 órdenes sacerdotales en el templo, y en Apocalipsis 24 ancianos adoran al que está sentado en el trono.

Concluimos entonces que éste gigante representa todo aquel o aquello que trabaja socavando la autoridad y gobierno de Dios en la iglesia, atenta contra el diseño divino, se levanta contra el mover del Espíritu Santo y todo aquello que promueva el verdadero y genuino culto al Señor.

Se molesta con la verdadera adoración, con la revelación genuina del Espíritu de Dios y se rebela contra el gobierno de Dios en su iglesia. Todo esto lo promueve solapadamente, es decir encubiertamente a través de palabras desalentadoras y criticas destructoras, por eso dice el versículo siete de 1 Crónicas 20 "Este hombre injurió a Israel, pero lo mató Jonatán, hijo de Simea, hermano de David".

La integridad de corazón es fortaleza del cristiano.

Nos dice además el texto que aquel gigante cayó ante Jonatán, pues finalmente prevalece el poder de Dios ante la fe y valentía de sus hijos. Ya que su estrategia fue encubierta, nos recuerda la importancia de hacer todas las cosas a la luz de Dios, el poder de las tinieblas está en lo oculto, pero Dios ama la verdad en lo íntimo del corazón, y reflejada en la vida diaria.

Es muy importante desarrollar un corazón sencillo y sincero delante de Dios, la verdad es de gran valor para Dios, y siempre él estará del lado de la verdad.

Presentemos nuestro corazón sin escudos ni argumentos delante del Señor, reconocer nuestra condición y necesidad de Dios hace más fuerte al cristiano y todo gigante de las tinieblas caerá. Jesucristo es la luz verdadera.

Como seres humanos tenemos sentimientos y emociones que en cualquier momento nos pueden afectar, hablamos de sentimientos como la tristeza, la ira, además de otras cosas como el desánimo, el cansancio, etc; sin embargo, como hijos de Dios debemos llevar nuestro corazón al Señor para fortalecernos, y mediante la fe en su palabra avanzar, pues la palabra del Señor es poderosa, permanece para siempre, es viva y eficaz.

La palabra de Dios es poderosa.

Cuidado con las palabras. 1 Crónicas 20:6-7 "Hubo guerra nuevamente en Gat, allí había otro gigante, con seis dedos en cada mano y en cada pie, veinticuatro dedos en total, descendiente de los gigantes; injuriaba a Israel, pero lo mató Jonatán, hijo de Simea".

Este pasaje nos deja ver el arma y estrategia de aquel gigante que tuvo enfrentar Jonatán (siervo del rey David). La Biblia nos dice que "injurió a Israel" el pueblo de Dios. La palabra injuriar aquí se traduce del término hebreo "Jarap" que además significa: criticar, blasfemar, difamar, avergonzar.

"Jarap" es un término usado por ejemplo cuando el salmista en medio de la dificultad dice: "Mis enemigos me insultan diciéndome cada día ¿Dónde está tu Dios?" Salmo 42:10.

Si tenemos en cuenta que el arma de éste gigante es criticar y blasfemar, y actúa de manera encubierta y disfrazada, hablamos entonces de aquellas actitudes escondidas y palabras que se dicen en voz baja, en el pasillo oscuro, son voces que murmuran, critican y aún deshonran las autoridades que Dios ha puesto, acusan y menosprecian el mover de Dios, son frases que descartan y cuestionan la verdad de la palabra de Dios, y se hace de manera oculta.

Estos mensajes y palabras son semillas que siembran discordia entre hermanos, indisponen los corazones para no apoyar la visión de la iglesia, y magnifican los obstáculos para que la iglesia no avance.

La palabra de Dios es una espada poderosa. 1 Crónicas 20:7.

Este gigante cayó ante Jonatán, hijo de Simea. Su nombre Jonatán significa: Dios ha dado. Dios ha establecido; y Simea significa: proclamación, testimonio, palabra.

Al unir estos significados, podemos resumir que Jonatán hijo de Simea significa: Dios ha dado su testimonio, Dios ha establecido su palabra; y fue ante este que cayó el gigante. Así también fue como Cristo venció al tentador, diciendo: "Escrito está".

Es necesario entonces creer la palabra de Dios, confesar lo que Cristo alcanzó para nosotros en la cruz del calvario, y orar usando la espada de la palabra, el testimonio de Dios en nuestra boca es más poderoso que todo gigante que se levanta y quiere oponerse a la obra de Dios.

Es necesario hacer una corrección en nuestra manera de hablar, no murmuremos, no digamos mal contra otro hermano, no hablemos mal de la iglesia de Jesucristo, no sembremos indisposición ni discordia entre los hermanos, más bien declaremos la buena palabra del Señor, como un ejército unido por la misma fe, y por tanto con la misma palabra avancemos para conquistar lo que el Señor ha planeado para su pueblo.

La genética de Dios nos hace vencedores.

Leamos 1 Crónicas 20:8 "Estos eran descendientes de los gigantes en Gat, los cuales cayeron por mano de David y de sus siervos". David venció al primero de los gigantes llamado Goliat, y ahora sus siervos, sus generales o capitanes de su ejército han derrotado a los descendientes de los gigantes. La unción para derribar gigantes ahora estaba sobre todo su ejército.

El pueblo y el ejército que les temía a los gigantes, ahora ha sido adiestrado para enfrentarlos y vencerlos, ahora conquistarían las tierras que aquellos gigantes habían dominado.

Quiero recordarte que Jesucristo el Señor venció en la cruz, él resucitó y venció por medio de la muerte al que tenía el imperio de la muerte, esto es al diablo, y ahora Cristo vive en nosotros, por eso tenemos la genética de Dios para caminar en victoria.

Levántate a favor de tu familia, de tu matrimonio, de tus hijos, de la iglesia, del ministerio, de tus finanzas, y proclama, como hemos estudiado hoy, la poderosa palabra de Dios a tu favor, declara esa poderosa espada del Señor y todo obstáculo comenzará a retroceder porque mayor es el que está en nosotros que el que está en el mundo.

Por la autoridad de Cristo, por su poderosa palabra, por la unción del Espíritu Santo y por la victoria en la cruz, como iglesia debemos avanzar y proclamar la buena obra de Dios a favor de su pueblo.

La valentía es necesaria.

Cuando las cosas están bien no se requiere fe, ni esfuerzo ni valentía, simplemente todo sale bien. Pero los grandes desafíos requieren esfuerzo, valentía, perseverancia y fe en el Señor. El miedo es un lazo que estanca e impide el avance del cristiano, el soldado o guerrero de Dios debe ser valiente pues éste oficio demanda valor.

Valiente es un término traducido del hebreo ""amats" que significa también: ser fuerte, ser firme, persistir, estar alerta.

Nos dice la Biblia por ejemplo en Josué 1:6-7 "Esfuérzate y sé valiente; porque tú repartirás a este pueblo por heredad la tierra de la cual juré a sus padres que la daría a ellos.

Solamente esfuérzate, y sé muy valiente, para cuidar de hacer conforme a toda la ley que mi siervo Moisés te mandó. No te apartes de ella ni a derecha ni a izquierda, para que seas prosperado en todas las cosas que emprendieres"

Al considerar las palabras de Dios a Josué vemos que no le dijo: "Yo te haré valiente" sino "sé valiente". Fue un encargo de Dios, él tenía que decidirse por actuar de manera valiente ante el desafío que tenía delante: conquistar la tierra prometida.

Debemos tener claro que es Dios la fuente de nuestra fortaleza. Los diferentes significados de la palabra valiente, nos deja ver ciertas perspectivas, por ejemplo:

Ser valiente es ser fuerte cuando el miedo quiere gobernar el corazón.

Ser valiente es ser firme para no retroceder ante los gigantes o grandes obstáculos.

Ser valiente es persistir cuando viene la tentación de renunciar y abandonarlo todo.

Ser valiente es estar alerta para no permitir al diablo dañar lo que Dios me ha dado.

Ser valiente es reconocer que nuestra fuerza y bendición viene de Dios.

Ser valiente es entonces un mandamiento.

Es muy interesante ver los versículos que rodean el pasaje leído, veamos entonces Josué 1:5 y 8. En estos versículos Dios añade dos cosas muy importantes:

Versículo 5: "Nadie te podrá hacer frente en todos los días de tu vida; como estuve con Moisés, estaré contigo; no te dejaré, ni te desampararé".

Versículo 8: "Este libro de la ley nunca se apartará de tu boca, sino que de día y de noche meditarás en él, para que guardes y hagas conforme a todo lo que en él está escrito; porque entonces harás prosperar tu camino, y todo te saldrá bien".

En el versículo 5 el Señor promete que irá con Josué, promete que su presencia le dará la victoria sobre sus enemigos, como lo había hecho con Moisés y le dice: "No te dejaré ni te desamparare". La presencia de Dios con nosotros garantiza nuestra victoria. No temas Dios te fortalece.

En el versículo 8 Dios anima a Josué para que medite, consulte, se deleite en su palabra y la ponga por obra. Y le revela el secreto de la prosperidad: "Cuida de hacer conforme a mi ley... para que seas prosperado en todas las cosas que emprendas".

Estos dos versículos (5 y 8) nos hablan de dos cosas: Presencia y palabra, entonces esto nos deja ver que la presencia de Dios y su palabra son la fuente de la valentía del cristiano.

Dios tenía el poder para derribar a los gigantes de Canaán y los poderosos muros de sus ciudades, también podía derribar al gigante Goliat, pero él requirió la valentía de David y de Josué, el Señor es todopoderoso pero quiere actuar y moverse a través de ti, esfuérzate y se valiente, porque tu valentía irá acompañada de señales sobrenaturales de Dios a tu favor.

Ser valiente no significa ausencia de temor, más bien nos habla de aquella virtud por la que un cristiano avanza a pesar de sus dudas o miedos, pero lo hace porque su confianza en Dios es mayor y cree que cumplirá lo que ha dicho.

El mandamiento de David a Salomón: 1 Reyes 2:1-2.

"Y cuando llegaron los días en que David había de morir, mandó a Salomón su hijo, diciendo: Yo sigo el camino de toda la tierra; esfuérzate, y sé hombre."

Podemos ver una gran similitud entre éste pasaje y las palabras que Dios le dijo a Josué. David va a morir y su hijo va a heredar el reino, y ante esto debe ser valiente. Las grandes cosas de Dios requieren valentía de sus hijos.

El tamaño de tu valentía está determinado por el tamaño de lo que vas a recibir. Deseamos grande cosas de Dios, esto debe recordarnos que también se requiere un carácter valiente.

Antes de vencer a Goliat David venció a muchos leones y osos que venían contra las ovejas que cuidaba, allí fue entrenado. Josué peleó contra Amalec, y así sucesivamente; vemos pues que las experiencias que hoy día son duras, difíciles o dolorosas no son otra cosa que un entrenamiento de Dios en el que se desarrolla un carácter valiente capaz de soportar la gloria que viene.

La valentía es requerida para alcanzar los planes de Dios.

Cuando el rey David está a punto de morir le encarga a su hijo Salomón la construcción del templo por dirección del Señor: **1 Crónicas 28:9-11**

"Y tú, Salomón, hijo mío, conoce al Dios de tu padre, y sírvele con corazón perfecto, y con ánimo voluntario; porque Jehová escudriña los corazones de todos, y entiende toda imaginación de los pensamientos. Si tú le buscares, lo hallarás; más si lo dejares, Él te desechará para siempre.

Mira, pues, ahora que Jehová te ha elegido para que edifiques casa para santuario; esfuérzate, y hazla. Entonces David dio a Salomón su hijo el diseño del pórtico, de sus casas, sus tesorerías, sus aposentos, sus cámaras y del lugar del propiciatorio".

Éste templo sería construido siguiendo el modelo revelado por Dios mismo a David, sin duda era un gran proyecto que demandó siete años de construcción. Misión que sin duda requirió valentía por parte de Salomón, por eso su padre antes de morir le dijo: "Esfuérzate y hazlo".

La Biblia en 1 Crónicas 28:19-20 nos enseña nuevamente que para alcanzar los planes de Dios se requiere esfuerzo, valentía, fe y confianza en él: "Todas estas cosas, dijo David, me fueron trazadas por la mano de Jehová que me hizo entender todas las obras del diseño. Dijo más David a Salomón su hijo: Esfuérzate y sé valiente, y ponlo por obra; no temas ni desmayes, porque Jehová Dios, mi Dios, estará contigo; Él no te dejará, ni te desamparará, hasta que acabes toda la obra para el servicio de la casa de Jehová".

Es el Señor mismo quien va contigo, por eso te dice: "No te dejaré ni te desampararé". Nuestra valentía no está basada en una emoción o sentimiento, sino en la verdad: Jehová Dios está contigo, y cumplirá su buena palabra en ti y en tu casa. En otras palabras la valentía no está fundada en tus virtudes o capacidades, sino en que Dios es quien va contigo.

5) El quinto gigante: isbi-benob.

En el caminar cristiano o en el servicio a Dios, puede aparecer el cansancio y por tanto los deseos de renunciar o abandonar el camino. Pero el Señor es bueno y tiene cuidado de sus hijos, siempre agotará todos los mecanismos posibles para fortalecernos y ayudarnos.

Dios es aquel que nos unge con su poder para derrotar todo obstáculo y enemigo, en él siempre venceremos. Él nunca deja a sus soldados tirados en el campo de batalla. Ante el cansancio lo que debemos hacer es doblar nuestras rodillas en la presencia de Dios para recibir nuevas fuerzas.

En la batalla puede aparecer el agotamiento, esto fue lo que le ocurrió al rey David, 2 Samuel 21:15 "Volvieron los filisteos a hacer la guerra a Israel, y descendió David y sus siervos con él, y pelearon con los filisteos; y David se cansó".

No nos dice la Biblia cuanto tiempo había transcurrido el rey David en paz, pero volvieron los filisteos a hacer guerra contra el pueblo de Dios. El rey David desciende con sus soldados y comienza la batalla contra los filisteos.

La Biblia tampoco nos dice cuanto tiempo llevaba aquella batalla, pudo haber sido horas, días, semanas, etc, pero sí añade la Escritura una expresión muy importante: "David se cansó".

Aquí hablamos de un cansancio físico en primer lugar, sin embargo el término hebreo usado aquí para "se cansó" también traduce "desmayar" es decir perder el aliento, la fuerza, el ánimo.

De hecho muchas veces el cansancio físico es el resultado de un cansancio o agotamiento emocional. Los problemas, el stress, los conflictos familiares y personales pueden afectar no sólo el estado de ánimo, sino aún el estado físico, y por eso la persona no tiene el mismo rendimiento.

En éste caso ante la batalla David se cansó, y en aquel preciso momento aparece otro de los descendientes de los gigantes llamado Isbi-benob (2 Samuel 21:16-17) y por poco mata a David. Abisai fue quien llegó en su ayuda y aquel gigante cayó.

Asunto que nos recuerda varias cosas muy importantes:
Ayudarnos unos a otros,
Orar los unos por los otros,
Combatir unánimes por la fe del evangelio,

Y por supuesto debemos fortalecernos en Cristo continuamente.

No podemos ser indiferentes o negligentes ante la realidad de la batalla espiritual, el enemigo siempre está lanzando sus dardos de fuego (mentiras, dudas, incredulidad tentaciones, etc), pero en Cristo somos más fuertes, en él tenemos la autoridad para derrotar las estrategias de maldad.

El reino de las tinieblas siempre está buscando la manera de estorbar el caminar de los hijos de Dios, pero en Cristo tenemos la autoridad y el poder para avanzar y ver el poder del Señor nuestro favor. Es muy importante mantener y cuidar nuestra vida de comunión con Dios, pues es allí donde somos renovados y fortalecidos, allí recibimos del Espíritu Santo la revelación y estrategias para avanzar en victoria.

Cuidado con el cansancio espiritual.

El desgaste es una estrategia de las tinieblas, 2 Samuel 21:15-16 "... Y David se cansó, e Isbi-benob, uno de los descendientes de los gigantes, cuya lanza pesaba trescientos siclos de bronce, y quien estaba ceñido con una espada nueva, trató de matar a David".

En éste caso David enfrenta otro gigante llamado Isbi-benob, su lanza pesaba trescientos siclos, y tenía una espada nueva. Es interesante que según 1 Samuel 17:7 la lanza de Goliat pesara 600 siclos, es decir el doble de la lanza de Isbi-benob.

Podemos pensar: Sí David venció al que tenía la espada más grande (el doble del peso) pues fácilmente derrotaría a éste siguiente gigante.

El versículo dieciséis nos dice que éste gigante estaba prevaleciendo sobre David y por eso trato de matarlo, de hecho tuvo que venir uno de sus soldados, Abisai, a ayudarle.

Podemos ver una figura o símbolo cuando la Biblia nos dice que éste gigante vino con "una espada nueva" ya que la espada indica batalla, al ser nueva podemos decir que el enemigo buscó una nueva estrategia contra David, aunque su lanza sólo pesaba la mitad de la lanza de Goliat, éste gigante utilizó el desgaste, el cansancio o agotamiento contra David, y estaba dando resultado.

El nombre de éste gigante Isbi-benob tiene significados particulares:

a) Respiración.
b) Que toma cautivo o preso.
c) Mi casa es Nob.

Su arma es el cansancio y el desánimo. Procura impedir y controlar el descanso de los hijos de Dios, y de todo aquel que le sirve. David se agotó en la batalla y estuvo a punto de morir.

El enemigo busca cortar el oxígeno (respiración) del soldado de Cristo, ahogarlo con el activismo, con la multitud de preocupaciones y con la falta de perdón, para que la vida espiritual y la comunión con Dios poco a poco mueran.

Cuando el cristiano se debilita no puede luchar igual, su fortaleza espiritual decae, se hace vulnerable al enemigo y débil a las tentaciones, y puede terminar siendo derrotado y por tanto es hecho cautivo del enemigo.

El significado tercero de Isbi-benob es "Mi casa es Nob" y Nob fue una ciudad sacerdotal, su nombre significa "profecía", entonces éste gigante procura mediante el agotamiento impedir que la profecía del Señor, es decir los planes de Dios y su palabra se cumplan. Genera agotamiento y desánimo para que el cristiano renuncie, y abandone el propósito del Señor en su vida.

Dios es nuestra fuerza y en tiempos difíciles es nuestro refugio. Ante el cansancio debemos acudir a su presencia para ser renovados y recibir de él la dirección y el consejo para perseverar. En él siempre tendremos victoria.

El rey David fue un hombre valiente, una gran y diestro guerrero, pero en medio de la batalla un día se cansó y por poco muere. A veces ante el exceso de ocupaciones y velocidad de vida en el mundo de hoy descuidamos nuestra comunión con Dios, y eso genera debilidad espiritual y nos hacemos vulnerables al enemigo. Por eso nos dice la Biblia: "Fortaleceos en el Señor siempre". Jesucristo es nuestra fortaleza, refugio y escudo.

Dios nunca nos deja solos.

El enemigo de nuestras almas busca matar, hurtar y destruir. Nos dice la Escritura que David estaba en medio de la batalla y allí se cansó, entonces uno de los gigantes intentó matarlo, "Isbi-benob, uno de los descendientes de los gigantes… trató de matar a David".

Recordemos que en la Biblia el término "morir" significa cesación de vida, pero también implica separación. Cuando Adán pecó, fue separado del Edén, perdió aquella comunión plena que tenía con Dios y murió a los novecientos treinta años.

Entonces, la muerte no es sólo física, la muerte hace que la persona pierde privilegios dados por Dios, y la comunión con el Señor se afecta o se rompe.

Jesús dijo: "El ladrón no viene sino para matar, hurtar y destruir" Juan 10:10, revelando las obras del diablo contra los hijos de Dios. El enemigo procura diversas estrategias para impedir la bendición y vida de Dios, busca robar o quitar lo que Dios da, además de intentar desaparecer o hacer perder lo alcanzado por el cristiano (esto es destruir).

Dios es Aquel que nos fortalece y nunca nos abandona, 2 Samuel 21:17 nos dice: "Más Abisai hijo de Sarvia llegó en su ayuda, e hirió al filisteo y lo mató".

Abisai hijo de Sarvia vino y ayudó a David, y aquel gigante cayó muerto. Nos dice además la Biblia que los soldados de David juraron que nunca más saldría él a la batalla no sea que lo alcanzare la muerte y se apagaría su reinado y los planes de Dios con él.

Por delante, quedaban muchos años de reinado para David, además del nacimiento y formación de su hijo Salomón, y la encomienda de la construcción del templo para el Señor.

Abisai hijo de Sarvia fue quien ayudó a David. El nombre Abisai significa: Regalo del padre; y Sarvia significa: bálsamo. Hablamos de aquel enviado por Dios, que nos ayuda, nos anima, nos hace ver que error estamos cometiendo en la batalla y nos alienta, es como un bálsamo o aceite que trae alivio y nuevas fuerzas.

No se une a la crítica, no condena ni acusa, no culpa ni juzga, ayuda para derrotar al gigante que se opone. No es un espectador para ver como cae el otro, sino que le ayuda dándole nuevas fuerzas para vencer.

El término "bálsamo" nos recuerda el aceite del Espíritu Santo el cual debemos procurar todos los días de nuestra vida mediante la comunión con Dios, el aceite del Espíritu hidrata, renueva y fortalece nuestra vida espiritual. Por eso nos dice la Biblia "Más bien sed llenos del Espíritu Santo".

Así como David se cansó en medio de la batalla puede ocurrir con nosotros, no debemos descuidar este aspecto tan importante de nuestra vida espiritual, vamos a la presencia de Dios y renovemos nuestra fuerza y fe en el Señor, Dios es más grande que todo gigante.

Antes de continuar con la segunda parte del Libro de Enoc, creemos que es muy importante considerar al personaje que se presenta como autor de este libro y profeta del Señor desde tiempos muy antiguos:

Anexo 1: ¿Quién fue Enoc?

Las ideas respecto a Enoc y su destino son diversas, desde creer que se convirtió en el ángel ayudante y consejero de Dios y patrono de los niños que estudian la Tora, que Dios le puso su propia corona y le dio setenta y dos alas y numerosos ojos, hasta creer (como el mormonismo declara) que fue quien fundó la ciudad de Sion y antes del diluvio fue trasladado al cielo con todos los habitantes de la ciudad.

Para los antiguos griegos, Enoc es aquel personaje equivalente a Hermes Trimegisto, y fue quien instruyó a los seres humanos en el arte de la construcción de las ciudades, y también declaró varias leyes de gran valor y utilidad.

Otros relatos antiguos judíos dicen que Enoc fue un rey entre los hombres, cuyo gobierno o reinado duró doscientos cuarenta y tres años, y se destacó por ser un rey lleno de sabiduría y se ocupó de enseñarla a todo aquel que quería conocerla.

¿Qué nos dice la Biblia acerca de Enoc?

a) Enoc, el hombre que caminó con Dios.

Cuando miramos el mundo actual, los avances de la ciencia, condiciones muy similares a Sodoma y Gomorra, y muchas otras señales que el Señor profetizó acerca de los tiempos finales, tenemos que mirar con una perspectiva escatológica nuestro futuro. La iglesia debe caminar con discernimiento e inteligencia espiritual, pues estos son tiempos particulares.

Enoc nació y vivió para Dios, Génesis 5:18 "Vivió Jared ciento sesenta y dos años, y engendró a Enoc".

El nombre Enoc significa: "dedicado, consagrado, instruido". Palabras que nos dejan ver primero la piedad de su padre Jared, quien dedicó este hijo a Dios. Además por la Biblia podemos ver también que la vida de Enoc fue una vida dedicada a Dios.

El objetivo de Enoc en la tierra fue vivir para hacer la voluntad del Señor. El hecho de que su nombre también signifique "instruido" nos enseña que mantuvo un corazón enseñable y con un continuo deseo de aprender las cosas de Dios.

Fue una persona que Dios honró mientras estuvo en la tierra, lo llevó a su presencia sin vivir la muerte y lo honra mencionándolo en la Escritura en tres libros diferentes: Génesis, Carta a los Hebreos y en la epístola de Judas. Estamos entonces ante una persona especial y honrada por Dios, pues el Señor honra a los que le honran.

Podemos caer en el error de buscar la gloria de los hombres o el reconocimiento del mundo, pero esa gloria es pasajera, temporal y vacía. En cambio la bendición que viene de Dios no añade tristeza con ella.

La Biblia nos dice que en cierta ocasión "muchos de los gobernantes creyeron en Jesús, pero a causa de los fariseos no lo confesaban, para no ser expulsados de la sinagoga, porque amaban más la gloria de los hombres que la gloria de Dios" Juan 12:42-43.

El que vive para la gloria del mundo, cosechará retribución del mundo; más el que vive para la gloria de Dios recibirá bendición en ésta tierra y gloria en el reino venidero.

b) Enoc vivió en la tierra 365 años.

Génesis 5:21-23 "Vivió Enoc sesenta y cinco años, y engendró a Matusalén. Y caminó Enoc con Dios, después que engendró a Matusalén, trescientos años, y engendró hijos e hijas. Y fueron todos los días de Enoc trescientos sesenta y cinco años".

La Biblia nos dice que cuando Enoc engendró a su hijo Matusalén tenía sesenta y cinco años, y después de ese evento "caminó Enoc con Dios". La pregunta que surge es entonces ¿qué sucedió allí que llevó a Enoc a caminar con Dios?

Seguramente Enoc tenía una vida consagrada a Dios, pero a sus sesenta y cinco años hubo algo que provocó una mayor intimidad con el Señor y un mayor deseo de hacer su voluntad, de tal manera que su vida estaría completamente en función de Dios y de sus propósitos.

La Biblia no nos dice específicamente que sucedió en aquel momento, lo que nos dice es que después de engendrar a Matusalén Enoc caminó con Dios. La palabra "engendrar" básicamente significa "poner una semilla en" en este caso en la madre de Matusalén.

El nombre "Matusalén" tiene dos significados:

a) Hombre de la jabalina. ¿Qué es la jabalina? Es una lanza diseñada para ser arrojada. Podemos ver aquí la figura de un guerrero, de un soldado que va al frente de batalla con la fuerza y equipo para enfrentar al enemigo.

b) Muerte – enviar. Por eso "a su muerte será enviado". ¿Qué sería enviado cuando Matusalén muriera? ¿qué era aquello que estaba siendo profetizado que sería enviado a la tierra? Esto nos habla del diluvio.

Intérpretes de la Biblia enseñan que en el mismo año de la muerte de Matusalén fue enviado el diluvio. Por eso fue el hombre que más vivió (969 años) mostrando así Dios su inmensa paciencia para con los hombres esperando que se arrepintieran.

Matusalén fue entonces un mensaje profético que anunciaba la necesidad de arrepentimiento ante el inminente juicio que vendría. Así como nosotros somos un mensaje al mundo, pues somos el pueblo que espera la segunda venida de nuestro Señor Jesucristo, anunciamos al mundo que es necesario el arrepentimiento para evitar el juicio que vendrá sobre la tierra.

Quizá el nacimiento de aquel hijo provocó en Enoc una mayor conciencia de su papel en la tierra, y decide entonces caminar con Dios como nunca antes lo había hecho. Enoc mismo se convirtió en un profeta, al parecer el primero sobre la tierra.

Judas 1:14-15 nos enseña "De éstos también profetizó Enoc, séptimo desde Adán, diciendo: He aquí, vino el Señor con sus santas decenas de millares, para hacer juicio contra todos, y dejar convictos a todos los impíos de todas sus obras impías que han hecho impíamente, y de todas las cosas duras que los pecadores impíos han hablado contra él".

Vemos aquí la profecía de Enoc en su tiempo, en la cual expone el juicio que vendrá sobre los impíos. También usó Dios a Noé antes del diluvio anunciando la necesidad del arrepentimiento, pues el Señor habla de muchas veces y de muchas maneras no queriendo que el hombre perezca, sino que proceda al arrepentimiento.

La Biblia nos enseña que Enoc fue un profeta antediluviano, era un hombre inspirado por el Espíritu Santo, escuchaba Su voz porque era amigo de Dios. En los trescientos años que caminó con el Señor experimentó maravillosas verdades y revelaciones del cielo.

Cuando decidimos caminar con Dios nuestra vida se desarrolla en función de la voluntad divina, y nos convertimos en instrumentos o canales de bendición para muchas personas. Caminar con Dios no sólo es bendición para nosotros, sino para todos aquellos que nos rodean.

Debemos resaltar lo que Biblia nos enseña: "Caminó Enoc con Dios". El orden en que aparecen las personas "Enoc y luego Dios" nos deja ver la iniciativa y compromiso de Enoc.

Éste hombre desarrolló amistad con el Señor, y aunque vivía en la tierra su caminar era diferente a los demás, sus pasos iban dirigidos a la voluntad de Dios y por eso seguramente iba en sentido contrario a las mayorías de su época.

Los pies de Enoc no caminaban por el sendero del mal, sus pies no se dirigían al bar o discoteca, sus pies no eran ocultos para hurtar o engañar. Más bien era un hombre que caminaba a la luz de Dios. Él caminaba con el Señor, sin apartarse ni a la izquierda ni a la derecha.

c) ¿Cómo pudo Enoc caminar con Dios hasta el fin?

Hebreos 11:5, 13 "Por fe Enoc fue traspuesto para no ver muerte, y no fue hallado, porque lo traspuso Dios. Y antes que fuese traspuesto, tuvo testimonio de haber agradado a Dios" – "Conforme a la fe murieron todos éstos sin haber recibido las promesas, sino mirándolas de lejos, y creyéndolas, y saludándolas, y confesando que eran extranjeros y peregrinos sobre la tierra".

Antes de ser traspuesto Enoc tuvo testimonio de haber agradado a Dios. Una vida agradable a Dios es un poderoso mensaje al cielo y en la tierra. Hebreos 11 nos enseña sobre los héroes de la fe del Antiguo Testamento y se destaca la fe de Abel, Enoc, Noé, Abraham, entre otros, y el versículo trece nos revela una actitud que hubo en la vida de Enoc.

El versículo trece nos enseña que Enoc vivió como extranjero y peregrino en la tierra, es decir Enoc fue consciente de que era extranjero en la tierra por cuanto su ciudadanía era celestial, y fue peregrino porque su destino era estar y vivir con Dios en su reino. La convicción de su patria celestial y de su destino eterno con el Señor transformó su vida de manera que caminaba con Dios.

Noé fue motivo de burla cuando predicaba entre sus contemporáneos diciendo que venía un diluvio, pues no había lluvia en aquel tiempo. Era considerado el loco que construía un arca porque su Dios se lo había ordenado. La vida de fe será siempre criticada por el que no la conoce.

La burla y la crítica son las armas del hombre natural más fáciles de usar por aquel que no comprende las cosas espirituales. Jesús fue criticado, Pablo enfrentó gran oposición, la iglesia primera fue perseguida, pero la palabra de Dios permanece para siempre y todo lo que el Señor ha dicho así será.

Los versículos cinco y seis de Hebreos 11 están unidos: "Por la fe Enoc fue traspuesto para no ver muerte, y no fue hallado, porque lo traspuso Dios; y antes que fuese traspuesto, tuvo testimonio de haber agradado a Dios. Pero sin fe es imposible agradar a Dios; porque es necesario que el que se acerca a Dios crea que le hay, y que es galardonador de los que le buscan"

Esto nos recuerda que la fe de Enoc lo llevó a acercarse a Dios creyendo que era real, que él existía, y que galardonaba o recompensaba a los que le buscan.

Por eso no es en vano tu búsqueda de Dios. Por tu fe, aquella que te lleva a buscarlo, el Señor te premiará, te honrará entre muchos, te galardonará dándote lugares de privilegio, como lo hizo con Enoc.

Fortalécete en Dios y persevera, la perseverancia es de gran valor para Dios, pues ella en sí misma es una evidencia de tu fe. El Señor Jesús le dijo a la iglesia de Filadelfia y nos dice hoy a nosotros:

"He aquí, yo vengo pronto; reten lo que tienes, para que ninguno tome tu corona. Al que venciere, yo lo haré columna en el templo de mi Dios, y nunca más saldrá de allí". También dice el Señor: "He aquí yo vengo pronto, y mi galardón conmigo, para recompensar a cada uno según sea su obra".

d) Dios traspuso a Enoc al cielo.

Génesis 5:24 "Caminó, pues, Enoc con Dios, y desapareció, porque le llevó Dios".

Este texto nos enseña sin duda algo impresionante, un día Enoc desapareció. Un día ya no estaba más, y creo sin duda que lo buscaron por todas partes, como hicieron los discípulos de Elías cuando éste fue arrebatado por Dios en un carro de fuego. Luego se convencieron de que Dios se lo había llevado.

Enoc desapareció un día, y nos dice la Biblia que eso sucedió porque Dios se lo llevó. La expresión "le llevó" de Génesis 5:24 se traduce de la palabra hebrea "laqah" que además quiere decir: <u>tomar</u>, <u>comprar</u>, <u>arrebatar</u>, <u>llevar a alguien consigo</u>.

Palabras que nos recuerdan que fuimos comprados a precio de sangre para Dios, que seremos arrebatados y estaremos para siempre con el Señor, y que Jesús vendrá como novio por su novia, la iglesia, para llevarla a celebrar las bodas del Cordero.

Por eso Jesús dijo: "En la casa de mi Padre muchas moradas hay… voy, pues, a preparar lugar para vosotros. Y si me fuere y os preparare lugar, vendré otra vez, y os **tomaré** a mí mismo, para que donde yo estoy, vosotros también estéis".

Dios traspuso a Enoc para que no viera muerte, él no seguiría el camino de todos. Nos dice además la Escritura que: "no fue hallado" (lo buscaron, pero no lo encontraron) es decir no fue un cambio de lugar o región, él fue llevado al cielo por Dios mismo.

Dice el texto bíblico: "Porque lo traspuso Dios" fue un traslado divino, "traspuso" es una palabra que se traduce del término griego "metatídsemi" que también significa: transferir, transportar, arrebatar, transformar. Por eso la NVI dice: "Por la fe Enoc fue sacado de este mundo sin experimentar la muerte; no fue hallado porque Dios se lo llevó".

Algo similar ocurrió con Elías (2 Reyes 2): "He aquí un carro de fuego con caballos de fuego apartó a los dos y Elías subió al cielo en un torbellino" (a quien también buscaron y no lo hallaron).

Así como nuestro Dios levantó a Enoc y a Elías, Cristo volverá y su iglesia será levantada. Enoc y el profeta Elías son figura de la iglesia que será levantada. Es entonces muy importante caminar con Dios. Jesucristo vuelve por segunda vez, y como iglesia debemos estar dispuestos y preparados como la novia se prepara para su boda.

Algunas veces pasaremos por pruebas y enfrentaremos obstáculos que con la fuerza de Dios podremos superar, y debemos tener presente las palabras de Dios que nos dicen:

"las aflicciones del tiempo presente no son comparables con la gloria venidera que en nosotros ha de manifestarse".

Jesucristo vuelve por segunda vez, debemos mantener nuestro corazón preparado y caminar con Dios. Todas las palabas del Señor se cumplirán y por eso ciertamente los muertos en Cristo resucitarán primero y los que vivamos seremos arrebatados y estaremos con el Señor para siempre.

No podemos olvidar las palabras del Espíritu Santo a través del apóstol Pablo:

"Porque el Señor mismo con voz de mando, con voz de arcángel, y con trompeta de Dios, descenderá del cielo; y los muertos en Cristo resucitarán primero. Luego nosotros los que vivimos, los que hayamos quedado, seremos arrebatados juntamente con ellos en las nubes para recibir al Señor en el aire, y así estaremos siempre con el Señor" 1 Tesalonicenses 4:17-18.

Ante todo esto debemos mantener preparado nuestro corazón para la segunda venida de nuestro Señor Jesucristo.

Anexo 2: El Antiguo Libro Hebreo de Enoc.

Capítulo 1: La conversión de Enoc.

En el nombre de Dios, el Eterno lleno de misericordia, Dios de toda gracia, lento para castigar y de gran compasión y santidad. Este libro es de Enoc el profeta. La bendición de Dios esté con aquel hombre que lo ama por siempre y siempre. Amén.

En el templo.

El hijo de Mahagar, Irad, fue aquel que construyó un palacio, lleno de hermosos jardines, y tenía también un templo. Tenía como base mil columnas, cuya altura era de trescientos codos, y un toro salvaje estaba encargado de cuidar sus puertas.

En el centro estaba una imagen dorada que Irad levantó. Aquella imagen tenía el rostro de hombre, cuello de león, el cuerpo de un toro y sus alas eran de águila. Entonces, Irad estableció un mandamiento por toda la nación, y todos debían acudir ante la imagen y brindarle adoración, pues esta era la imagen de su dios.

Y vinieron los Vigilantes de la noche, acompañados de sus esposas y de sus hijos, también vinieron sus esclavos, y dieron su adoración al ídolo, y así olvidaron al primero. Grandes multitudes vinieron del Oeste y del Este. También acudieron los que vivían en las cuevas; y aquellos que vivían de los peces y de los reptiles, que bebían sangre y comían la medula de los leones; y los que comían víboras, y los que vivían de los tallos y las langostas y de la carne cruda.

También los que dormían en las ramas de los árboles y en sus balsas, quienes cazaban aves y animales; también vinieron los que vivían de los avestruces y tomaban leche de los perros y vivían de las tortugas, todos vinieron y se reunieron en el Templo del rey, y todo se inclinaron adorando ante la imagen del dios de su soberano.

¡Bendice mi canto, oh sol! Poderosa y resplandeciente estrella de los siete cielos. Tu que balanceas las esferas de la tierra y lo haces por toda la inmensidad del espacio sin límite. Resplandeciente, con tu brillo que es universal.

Tu que administras los caminos de la luz, y por eso los mortales te admiran con alegría. Gloria del universo, justo, supremo padre, que la inspiración de mi alma te alabe, y que los cantos de mi mente puedan levantar música a tu esplendor. Soberana luz que resplandece y brilla sobre por siempre.

A ti, los héroes levantan oración, y sus ruegos no son en vano. Se alegra el Este cuando surges con tu resplandor, y es hermoso tu brillo al medio día. Y cuando hacia el Oeste te pones, consideramos con amor y alabanza tu esplendor.

Estaba de noche, y yo Enoc, estaba a solas en el Templo, y miraba meditando en la imagen, y de pronto se levantó una tempestad, con poderosos truenos y relámpagos, gemían los vientos con fuerza, y se rasgó la cúpula del Templo, y se precipitaron el remolino y las lluvias.

Y de repente, un rayo, cayó con gran fuerza como un dios, y tomando en aquel momento a la imagen la hirió desde la cabeza hasta llegar a los pies, y la destruyó deshaciéndola en pedazos. La corona de joyas que estaba en su cabeza fue destruida también, así como su cetro. Como un cadáver fue despedazada, mientras la lluvia rugía, y finalmente embistió todos los restos.

Cuando pude contemplar la imagen despedazada sobre la tierra, dije: ¿es acaso, esto el Dios que adoramos? ¿Un Dios que está sometido a los elementos y al azar? No puede predecir la tormenta, tampoco puede evitar el golpe que destruye, está sin protección en su propia casa, y yace en tierra a merced de los Mensajeros de los vientos.

¿Entonces, yo, adonde iré, y por qué razón debo rendir mi alma y espíritu a aquello que no es?

Tú que vives en el fuego, debes enseñarme los misterios. Llena mi vida con inspiración divina, cúbreme con tu luz Anciano de Días. Dame por vestido la tranquila Luna de la Sabiduría.

Ilumina mi alma hasta lo más profundo de mi ser con tu esplendor, siempre solitario estoy, como un errante, desamparado, veo muerte a un costado y muerte al otro lado. En vano elevo mi alma hasta el anciano, ninguna respuesta me ha dado. Ni una sola vez me ha hablado.

Pero, yo busco la visión del Supremo, ¿Cuándo decidirás dármela, oh Padre? ¿Cuándo te veré en el Templo? Entonces moriré con toda la satisfacción, cuando conozca que tú me has oído.

En el tiempo en el que las notas del arpa eterna, hayan cubierto mi alma en lágrimas. Luces, destellos y sueños; además de las palabras desde el cielo lleno de estrellas, las visiones y la sutil presencia de las esencias. Luces de fuego y resplandores de llamas, un despertar del alma y del espíritu.

Y salí de aquel lugar, sobre el río pasé. Entonces, ante la piedra a sus orillas ni me incliné ya más; tampoco besé más mi mano hacia ellos en señal de reverencia.

Decidí, entonces, buscar el consejo y la fuerza en él. Escucha oh cielo, y prestad oído, oh tierra, todos vosotros hijos de belleza, escuchad: Mejor es ser desamparado de todos los seres humanos, que convertirse en su rey por juntarse en sus vicios.

Solo a Dios, sea la Gloria. La noche se alejó; fue esparcida la oscuridad; con la mañana vuelve la luz; honor sea al Supremo; no permitas que ninguno comparta la alabanza con él.

Oh Dios, permítenos agradecerte, por la noche y por la mañana, bajo las estrellas y bajo el sol, por todos tus beneficios, aquellos que das a los mortales día tras día.

Con la virgen.

Entonces, pude ver a una virgen. Era más bella que el sol, con su boca habló y me sonrió. Pude escuchar cuando dijo: Ven; y me llevó a un desierto, en aquel solitario lugar no había ni un solo árbol.

Cuando llegó la noche, la virgen extendió el manto que llevaba consigo, haciendo de él una tienda. Ella entró, y me llamó, ella era como el arco iris. No presté atención, me acosté sobre la arena y en la noche brillaban las estrellas.

La Virgen me llamó nuevamente, y me dijo: Tú estás débil y con hambre ¿deseas tomar alimento? Le respondí: Sí. Entonces, me mostró un cordero que estaba perdido, y me habló diciendo: Mata y come.

Le respondí: No, antes morir que hacer eso, pues aquel cordero no es de mi propiedad, se la ha perdido a su propietario, y seguramente lo está buscando. ¿Por qué habría yo de robar? Mejor es morir que hacer eso, las estrellas sobre mí brillaron, y sobre su tienda brilló el arco iris.

Al llegar la mañana, ella se levantó, y continuó su camino. Nuevamente sonrió; yo la seguí. En aquel momento yo estaba débil; a pesar de esto, no murmuré; caminamos y vagamos por un desierto. Al llegar la tarde ¡una botella de agua!; y la virgen me habló diciendo: toma y bebe. Entonces, le respondí: No; seguramente a algún viajero se le cayó; quizá él pueda volver y morir si no encuentra de nuevo la botella de agua.

Al llegar la noche, la virgen sacó su manto, e hizo de él una tienda; entró en ella y tendió su plumón, y de nuevo me llamó, pero yo no preste atención; no levanté mis ojos hacia ella; más bien me tendí sobre la arena, y allí estuve hasta que llegó el amanecer.

En aquel momento, pude ver una fuente de agua pura, fría como la luz de la Luna, y un Árbol de dátiles, el cual tenía frutos en abundancia; y llamé a la virgen dentro de aquella tienda, pero ella no respondió a mi llamado; y las estrellas parecían hablarme.

Entonces, abrí mi boca y dije: ¿Oh hija, no tienes Palabra para mí? ¿Y quién eres tú, envuelta en misterio? Durante dos días hemos estado viajando en este difícil desierto, y tú no has quebrado en ningún momento tu ayuno; a pesar de ello, todavía tú floreces como la rosa, y tu resplandor es como la Luna en su día quince; y ahora cuando Dios ha provisto alimento, no deseas tu tomar de él.

En aquel mismo momento, la virgen me habló diciendo: ¡Enoc! Yo soy el espíritu de tu espíritu; yo te he visto, te he probado y comprobado; ahora debo partir. Y ella me dejó, me quede allí solo y fatigado en las montañas; y las estrellas me hablaron, y una luz entró en mi corazón, me pareció a mí pasar por encima de las aguas de un ancho mar, y me hallaba en un sueño.

¡Oh tu Hermoso! Ven sobre los vientos. Sobre las aguas deslízate, sumérgete en la profundidad de mi alma; deja libre el sol que resplandece con su rostro. ¿Quién soy yo?

Alrededor de mi persona está el pecado como un mortaja; un ser humano que se halla entre hombres inicuos, de mente infame, inmoral en mi naturaleza.

¿Puedo ir hasta los hijos de la tierra, y decirles síganme? Entonces, su rostro de rayo del sol relumbró. Sobre todas estas cosas, así es ordenado.

Capítulo 2: Las cinco visiones.

En la Ciudad Grande.

Estaba allí un velo que se alzó de mi cabeza; entonces, en aquel momento, mi espíritu vio el pasado y las revoluciones de los tiempos anteriores. Había una ciudad resplandeciente con oro y mármol; tenía también majestuosas torres, hermosos palacios y templos.

Entonces, hablé a aquel que custodiaba las Puertas: Amigo, ¿Cuánto tiempo ha estado en pie esta hermosa ciudad? Y él me respondió: Esta ciudad siempre ha estado de pie; todos sus años no tienen número, y la ciudad estará por siempre. En aquel momento, una nube pasó sobre mí, y yo continúe caminando.

En el desierto inmenso.

Y sucedió, que después de transcurrir mil años, volví por ese camino y busqué la ciudad, pero no hallé ningún resto de su hermosura y poderoso resplandor. Yo vi solo un desierto.

Tampoco había hierba alguna, ni fuente de agua alguna, sólo polvo seco y quemado y arena. Un vagabundo me dijo: Este desierto ha estado por siempre y estará por siempre; no hay ninguna ciudad, ni la ha habido. Entonces, seguí mi camino.

En el fructífero bosque.

Sucedió que después de pasar unos mil años, volví por ese camino y busqué aquel desierto, pero el desierto no estaba más; había una inmensa floresta de Árboles, la cual estaba sobre todas las planicies y montañas. Estaban allí hombres que derribaban Árboles, y vi también cazadores que perseguían su caza.

Le pregunte a uno de los hombres: Mi amigo, ¿Cuánto tiempo ha ocupado este majestuoso Bosque el lugar del ausente desierto? Él me respondió: Este bosque ha estado aquí por siempre. Aún desde el nacimiento del tiempo; y hasta el fin estará lleno de flores y verdor. No existe aquí ningún desierto, ni lo ha habido jamás; este es el Bosque primitivo. Entonces, seguí mi camino.

En las planicies y los pastores con sus ovejas.

Sucedió que despúes de trascurrir mi años, volví por aquel camino, y busqué el bosque, pero lo que encontré fue tiendas y agradables planicies, allí estaban los pastores con sus rebaños y manadas, también habían niños jugando entre las flores.

Entonces, le hablé a uno, blanco por los años, ¡Oh venerable padre de muchos! ¿Cuánto tiempo hace que estos campos han producido estos frutos, floreciendo dulcemente para hombres y para su ganado?

Entonces, él me respondió diciendo: Ellos han producido fruto desde el primer tiempo del mundo. Entonces, yo le hablé del Bosque; pero, él no me prestó atención.

Aquella persona me dijo: No ha existido ningún bosque aquí; las planicies que hoy ves siempre han producido alimento en abundancia para las tribus de pastores. En aquel momento pasó una nube sobre mí, y seguí mi camino.

En el Extenso Océano.

Y aconteció que transcurrieron mil años, y yo volví por aquel camino y busqué aquellas tiendas. Pero, no hallé las tiendas, ni algún vestigio de vida. En su lugar vi un Océano, el cual ondulaba con grandes oleadas; y sobre aquel Océano había un bote, con un hombre solitario en él.

Así que, le hablé diciendo: ¿Dónde están las tiendas, y los campos verdes y las agradables tribus de pastores que estaban aquí? Él me respondió diciendo: Tu has soñado eso, aquí no hay campos, ni nunca lo hubo en este Océano, más bien desde el principio han ondeado las olas, ellas corren sobre las profundidades sin fin de abajo, siempre lo han hecho.

Capítulo 3: Las primeras revelaciones.

La visión y las voces de los ángeles.

En aquel momento, fue envuelta mi alma, y mi espíritu fue trasladado en nieblas y nubes; pasaron sobre mí los rayos. Pude ver que oscuras formas me llamaban, y en mi oído susurros del aire pude escuchar; era como el sonido de cascadas, y de multitud de instrumentos musicales; pero, al terminar todo eso, hubo silencio, como en la noche de muchas estrellas, un silencio que hablaba.

Era como el árbol golpeado por la fuerza de un rayo, era parecido a una torre que es destruida por un fuerte golpe del cielo, era similar a una nave del mar, nave desgastada por las aguas.

En medio de todo esto, estaba mi alma, y el Océano extendido a lo lejos, como la oscura forma de la eternidad; como un desierto muy grande de muchas aguas. Sus destellos eran brillantes y de muchos colores, que vienen como cisnes sobre el Océano; como las águilas alas fogosas y como la llama alada del Serafín.

Las voces de los ángeles se levantaron en canto: Él viene, El Grande viene; te convoca a la Sagrada Congregación. Entonces, los habitantes de oscuros mares, huyen para que sea dada la bienvenida al Rey.

Visiones en la montaña

En el interior de mi montaña, en la caverna postrado caí. Entonces, mi boca, mis labios tocaron el arroyo de cristal, transparente y diáfano. La montaña se encontraba envuelta en nubes, y en la oscuridad las aguas se arremolinaban.

De pronto, una gran luz, un poderoso destello, un estremecimiento de gloria, me envolvieron como en un remolino, y fui llevado por las águilas de la montaña, a un lugar oscuro, allí pude escuchar cantos de gran hermosura, y mi espíritu cayó en un éxtasis.

Revoloteaban las aves de fuego con su poderoso resplandor; sin embargo, el silencio fue supremo por tres días con sus tres noches.

Las visiones sobre las generaciones.

Yo he conocido el número existente de las Brillantes Huestes: del místico Ouein, quien es hijo del fuego y la voz de la sabiduría. Sé consciente de que Dios es uno y adora al Supremo Gobernante. El señor Cinturón de Zafiro.

Entonces, la montaña habló diciendo: Conoce que Dios es uno. Pude escuchar las olas decir: Como son las hojas de los árboles, así son las generaciones de los hombres.

La ciudad desaparece desvaneciéndose; el desierto crece y así mismo se barre en el tiempo indicado; los bosques ocupan su espacio y las llanuras dan camino a las aguas, y en su tiempo se secan. Así, son las generaciones del ser humano, son mortales que en su tiempo dejan de existir.

Revelación acerca de la destrucción.

En ese tiempo, pude escuchar hablar a la serpiente con cabeza de león, quien dijo: Escucha, te revelo la sabiduría, también te he enseñado los poderes de los cielos, y te he conducido por el camino de los dioses.

Ten presente, que la destrucción es el preámbulo a la renovación; la muerte es puerta a la vida. Veo el cielo en un fuego de gran pureza, la tierra que se sumerge en un abismo. Montañas sobre montañas, cerros sobre cerros se hunden, árboles caen.

Entonces, levanté mi voz y clamé: La tierra sufre destrucción. En aquel momento, él me levantó y me dijo: ¿Por qué te lamentas, hijo de mi alma? Lo que tú has testificado sucederá, la destrucción está cerca y la tierra se hundirá.

La oración.

Ahora, levántate, y ora al Señor; al Señor de los espíritus que puede otorgar perdón, de modo, que la raza humana no muera, en el tiempo en el que el rayo descienda de los cielos.

Grande, poderoso en gloria, tu reino y tu dominio permanecen para siempre, los cielos son tu asiento y la tierra es pedestal para ti por todos los siglos.

No existen obras y hechos más allá de tu poder, la sabiduría está contigo por la eternidad, tú sabes todas las cosas, y nada te es oculto. Tu juicio sobre el mal y todo aquel que lo ejecute.

La segunda restauración.

De tu boca salió tu poderosa palabra, brota con fuerza, son restauradas en una nueva hermosura, como le sucede al árbol cuando el invierno ha quedado atrás, y restaura la gloria de su fuerza, y así renovado por los siglos el universo.

Oh, Señor y poderoso Rey, escúchame y concede el ruego que yo levanto. Permite que sean seguidores de tu palabra sobre esta tierra, y que no desaparezcan los seres humanos de la faz de la tierra.

Permite, que venga una generación de corazón recto y justo, cuya descendencia sea para siempre. No escondas tu rostro Señor.

La igualdad entre los seres humanos.

De pronto, pude escuchar otra voz, la voz del Cabeza de Plata, en gran manera hermoso, con los diversos colores del arco iris, alrededor de su cabeza una nube de luz, y debajo de sus pies fluye un río de fuego.

El Rey, el siervo, el que mendiga junto al camino, todos son iguales junto a la orilla del río de fuego. El Señor recompensa a cada hombre de acuerdo a su obra. Todos están en igual nivel, y cada ser humano recibirá su galardón.

Él me habló diciendo: Hijo de mi alma observa en este escrito, libro que han destilado los cielos como un rocío sobre la tierra. Lee y comprende cada parte del mismo.

Entonces, yo leí y pude comprender las diversas acciones y obras del hombre, y de todos los hijos humanos sobre la tierra, a través de las generaciones. Entonces, bendije al Señor, Rey de Gloria, y creador del mundo, lo glorifiqué por su gran paciencia y por todas las bendiciones que ha dado a los hijos de los hombres.

Capítulo 4: Las leyes de los astros y luminarias.

Acerca del sol.

Este es un escrito que registra las revoluciones de las luminarias celestiales, todo esto de acuerdo a sus clases, poderes, períodos, nombres, las regiones donde nacieron, y los meses sucesivos; así me fue revelado por el ángel brillante.

De esta manera se ha establecido el orden según sus edades, hasta que sea el tiempo en el que un nuevo ciclo se levante, y esta viene a ser la ley primera de las Luminarias.

De modo, que el sol y la luz llegan a las Puertas del cielo, aquellas que están en el Este que resplandece, y desde aquel lugar transitan hasta las Puertas del cielo que reposan en el lugar del Oeste.

En aquel lugar están ubicadas las puertas por donde sale el sol, también las puertas celestiales en las que se establece el León, y el Blanco Postrero que se levanta, y los que lideran las estrellas.

Existen seis Puertas por donde el sol se levanta, y otras seis Puertas por donde se establece. El Sol se establece en los cielos y regresa por el norte, para luego proceder hacia el Este, y desde allí ilumina completa la faz de la tierra.

Cuando el sol completa su recorrido, regresa una segunda vez en la primera puerta. Este entra a través de los treinta días y se establece en el Oeste en el sector opuesto de los cielos. Durante aquel tiempo la noche es acortada.

Por estas cosas, el día es alargado y la noche acortada, durante el recorrido del sol, y es la ley del Grande y Eterno León, aquel que Dios escogió para siempre.

Acerca de los meteoros.

Estas fueron las cosas que él me mostró. Aquél Ángel del Señor de resplandor. La constitución del cielo en los cielos, así como los mundos que están debajo. Las doce Puertas que se abren a los circuitos del Carruaje, y desde estas son los rayos del sol.

De los rayos del sol viene el calor, y doce puertas también he visto en él. A través de estas el Sol, la Luna, y las luminarias del cielo se levantan de acuerdo a sus tiempos.

También allí pude ver los meteoros, y como eran distribuidos los misterios de los rocíos, de las nubes, las cuevas del granizo, las moradas de la extraña nube, la cual llenó todo antes de la existencia del universo.

Las leyes de la Luna.

En cuanto al mecanismo de la Luna y sus correspondientes fases, siempre en renovación su nacimiento, desde la gran oscuridad hasta la luz de cristal. Ella va delante del gigante Sol, jamás equivocada en su trayectoria, como una lámpara brilla para los mortales, obedeciendo al Señor Supremo.

Son misteriosas sus orbitas, así como los ciclos que completa por día y por noche; ella ilumina al justo, pero oscurece para el malvado. Dios ha separado la luz de la oscuridad, un ardiente espacio los separa.

Los espíritus no pueden pasar por aquel espacio ardiente. Entonces, él dijo: Enoc ¿Conoces quién puede ser el Sol, y quien esta brillante Luna? Del Sol viene lo divino, amor, luz calor y hermosura.

Con estos son transportados en círculos de llamas, los que dirigen las diez mil clases de estrellas. Considerando esto, el ser humano se equivoca, pues ellos no distinguen su naturaleza genuina, ni puede participar de la luz del Sol.

Son benditos los que pueden recibir esto, brillan, arden y reciben su corona. Él habló diciendo: ¿tú ha oído acerca de los caminos por los cuales el Glorioso sale? Medita, busca, retírate al desierto y a las montañas con cuevas, y recluye tu alma.

Capítulo 5: El Sol, la Luna, los caballos bermejos y los esplendores secretos.

Acerca del Sol y de la Luna.

Cuan hermoso eres, oh Sol, pero a pesar de ello, no me rendiré en adoración ante ti. Y hermosa eres tú, Luna; sin embargo, mi corazón no te adorará. He podido ver como tiemblan en la luz como seres vivientes, aunque son sólo ministros, y Dios es su divino maestro.

Dios será mi soberano, y ante su presencia me rendiré en humillación; por tanto, no daré adoración al Arco Iris, el cual está siempre con el Señor. Tú, Luna, eres su pedestal, y tú, Sol, eres su velo ¿adoraré un vestido?

En la religiosa arboleda, puedo ver un altar, sagrado altar del Padre, allí depositaré mi corazón, y ante él me inclinaré para dar adoración. Vi una gloriosa luz, y alrededor dos arco iris, y un tercero en el lado opuesto. El Sol del centro resplandeció con gran intensidad.

Los caballos bermejos.

Y de esta manera, fue la visión de los caballos rojos de fuego. Estos se desplazaron sobre las aguas de los mares, sobre el rocío, sobre la lluvia y la nieve, resplandecientes como meteoros de luz, desplegaron sus alas y volaron, y sus ojos como estrellas. Pude oír sus nombres.

Fueron abiertas de par en par, las puertas plateadas de las nubes, abajo los pequeños valles que transcurren como ríos de fuego. Él me enseñó los misterios de las luces y los juicios que llevan sobre sus alas.

Los misterios de los truenos me fueron enseñados, cuando las nubes escapan ante ellos, y se escucha su sonido. Sonido de bendición y juicio de acuerdo a la ley, y acontecerá que cuando el culpable escuche y comprenda, se esconderá en las cuevas.

El anciano.

Del resplandor que gira dentro, el cual es hermoso en su orden, en su camino diverso y glorioso, Aquel, que es el Primero, Supremo, Único, de Glorioso fuego, el Anciano del antiguo tiempo.

Los secretos esplendores.

Después, de estas cosas, vi cada secreto de los ocultos Esplendores, y entendí las fuentes de los relámpagos. Aquellos que bendicen y fertilizan cuando resplandecen. Para los puros de la tierra, han sido preparadas este conocimiento; vivirán en la luz del Sol, en los rayos de vida eterna, los cuales brillan por todas las edades sin faltar su gloria nunca.

El Otro Espíritu me habló.

De pronto, Otro espíritu que iba conmigo me habló mostrando el primero y el último secreto, así como los misterios de los cielos, y de abajo en la Tierra. El comienzo de todas las cosas, los espíritus de los cielos, aquellos que gobiernan los vientos, y el cómo son contados los vientos de acuerdo a su fuerza y proporción.

Me fue enseñada la fuerza que tiene la luz de la Luna, me enseñó el nombre de ella entre los inmortales, y el primero es Asonya, el segundo es Ebla, luego Benasi, y finalmente Erae.

También me enseñó las divisiones de las estrellas, sus nombres y rangos. Me enseñó sobre los relámpagos, las nubes y los truenos. Cuando el relámpago resplandece, el trueno es escuchado; entonces, los espíritus que dirigen descansan hasta el tiempo indicado.

Pude ver además, un resplandor siete veces más fuerte, ancianos santos, querubines con gloriosas alas, serafines y ofanimes de luz resplandeciente; y otros seres angelicales, por cantidades de millones, y sus cantos inundaban el Universo.

Delante de mí, corrían en el vasto espacio, grandes océanos con obeliscos, torres y espiras sobre las costas de nieve blanca.

El Libro de mi Padre.

Después de acontecer aquellas cosas, él me dio señales. Enseñó los símbolos y los secretos de la sabiduría oculta y escondida; en el Libro de mi Padre y en las espirituales parábolas místicas.

La tríada.

Oh, Luz del Universo ¿Cuándo me regresarás a ti? ¿Cuál será el tiempo en el que regresaré a los lugares antiguos?

Paraíso, lugar de la poderosa Tríada de hermosura, que resplandece con fuerza, llena de luz de los Cielos, con arcos y flechas de dorados rayos.

Capítulo 6: Los diez tiempos y el Salmo Primero.

Los diez tiempos.

En aquel momento escuché a alguien hablar: Mientras el Santo y Justo espera, él nació en el séptimo del primero. Lamentablemente, después de él, en el segundo tiempo, surgió con fuerza una gran iniquidad, y el fraude se llevó a cabo.

En el tercer tiempo, un varón del Árbol Puro se hizo manifiesto, y aquella rama por siempre florecerá. En el cuarto, muchas visiones del Eterno y Todopoderoso se podrán ver, las ordenes de las generaciones.

Para el quinto tiempo, se levantará para siempre, la Casa de la Gloria y del Poder. Para el tiempo sexto, vendrá gran oscuridad y allí un varón subirá. En el séptimo tiempo, serán ejecutados los juicios por los justos que llevarán una espada.

En el octavo tiempo, se escogerá al Puro del árbol de la eterna belleza. En el noveno tiempo, se enseñará al mundo la virginidad de los justos. En el tiempo décimo, se ejecutará el juicio para siempre, se llevará a cabo en los cielos en medio de miríadas de ángeles.

En aquel tiempo se revelarán las estrellas de Shesti Matri, y un tiempo y gran resplandor pasará. Desaparecerá el cielo anterior, apareciendo uno nuevo, la gloria y poder del Más Alto resplandecerá siete veces más.

El Salmo Primero.

Dad gracias y honor al Señor, invocad su Nombre, proclamen sus hechos entre los pueblos de la tierra. Cantadle salmos en su presencia, cantadle a él. Con voz fuerte has conocer sus obras.

Regocíjate, dad gloria a su Santo Nombre, gócense todos los que buscan al Señor.

Buscad el rostro del Señor, fortaleceos en él, recordad sus poderosas obras, y los maravillosos dichos de su boca. Él es el Señor nuestro Dios, su poder y juicio sobre toda la tierra.

Su palabra ha enviado por todas las generaciones, él dijo: No toquéis a mis ungidos, y no lastimes a mis profetas, cuando vayan de una nación a otro pueblo. El Señor no tolera quien los ofenda, castigó reyes por esta razón.

Cantad al Señor todos los habitantes de la tierra, él proclama su gloria entre las naciones, Todopoderoso y grande, él es digno de ser alabado. Dad al Señor todos los reinos, dadle la gloria debida a su Nombre, adorad al Señor en la hermosura de su santidad.

Capítulo 7: Las palabras dirigidas a los justos del día final.

Mensaje enseñado y revelado a Enoc. Bendición para el puro que viva en los días de la tribulación; pero, para el malvado e indigno esto será piedra de tropiezo.

Estaba en la presencia de Dios, yo Enoc, hablé con él y le pregunte, en aquel momento, mis ojos estaban velados, aunque ellos estaban abiertos, y vi muchas visiones.

Por eso, aprendí Todas las Cosas, fui inundado de conocimiento, vi las cosas que no son en este momento, son cosas que sucederán en tiempos futuros, en las generaciones que todavía están por venir.

En el tiempo, en el que brillará el Hijo del cielo, pude hablar con aquellos que un día saldrán de su morada en gloria, los gobernadores de la vida del hombre.

En tiempos que han de venir, ellos se sentarán en Sión, reunirán todas las huestes a su alrededor, se hará evidente la Fuerza del León, en el esplendor de los cielos. Todos se maravillarán, los descendientes de la Oscuridad se llenarán de temblor y terror.

La alta montaña será afligida, los cerros serán abatidos, la tierra sufrirá y los hijos de los hombres morirán. Será escuchado el juicio en alta voz. Los mismos justos serán probados también, pesados en la balanza de Dios. Sin embargo, para ellos será abierto el Paraíso.

Ellos son propiedad de Dios, vivirán felices a su Luz, y ante el esplendor de los cielos. Mirad, él viene con millares de santos para ejecutar su juicio sobre los impíos, el pecador sufrirá el castigo.

En los límites del Universo se verán relámpagos, se escuchará la voz de los truenos, la luz de los relámpagos será aumentada, y todas estas señales testifican la presencia del Santo y Poderoso Eterno.

Capítulo 8: La cierta y veraz renovación.

Todas las cosas que existen en los cielos conocen el orden establecido en los cielos, por eso, las estrellas no se alejan de su órbitas, en su tiempo señalado se levantan y se establecen en su destino; nunca desobedecen el mandato del que gobierna.

También las Altas Inteligencias observan la faz de la tierra abajo, contemplan todas las cosas que se allí se hacen, son encargadas de marcar el avance y regreso de las mareas, desde el comienzo hasta el final.

Todo está señalado según su tiempo, por eso, cada manifestación del Señor Supremo no puede ser cambiada; así, como el verano prosigue al invierno.

Como la nube y el rocío que llevan refrigerio al desierto, cuando los árboles y las plantas se marchitan, y lo que era hermoso se convierte en tristeza.

Pero, todos saben que viene un tiempo de renovación, es un tiempo de floración, los retoños brotan. Y al llegar el verano, cuando todos buscan sombra, y no se puede caminar bajo el calor y sobre la tierra seca, ni sobre las rocas ardientes, entonces, los árboles reponen sus hojas, sus ramas producen fruto y sus hojas dan sombra, y sucederá a las secas ramas del invierno.

El Todopoderoso y Eterno, es quien hace todas estas cosas, según su buena voluntad, todo es su obra. Todo existe y vive según el Señor, los tiempos vienen según él lo ha establecido.

Así, como los ríos fluyen hacia el mar, así fluyen los años hacia los ciclos establecidos; y así como los mares regresan a los ríos, así los ciclos se mezclan con los años del Nuevo Comienzo.

Todas las cosas que existen dan gloria a su Hacedor, y los tiempos mismos honran al Señor, saliendo cuando les corresponde.

Capítulo 9: La caída de los hijos de Dios y los gigantes.

La caída de los hijos de Dios.

Es muy importante, escúchame varón, pues en gran manera has transgredido el mandamiento del Señor, te has alejado del camino recto, el cual el Señor te indicó. En el tiempo del comienzo de la tierra hubo hermosura, en aquel entonces fue la mañana dorada de los Ancianos, en el tiempo en el que la raza de los mortales nace otra vez, y como los árboles en el verano, floreció.

Luego, tristemente, los hijos de los hombres cuando se multiplicaron sobre la tierra, y sus hijas eran bellas, fue cuando los Hijos de los Cielos miraron las mujeres, hijas de los hombres, y se enamoraron de aquellas hermosas mujeres.

Entonces, como caballos relincharon, y se hablaron unos a otros diciendo: "vamos, y escojamos de entre aquellas mujeres esposas para nosotros" ¿No somos los hijos escogidos? ¿No podemos hacer según lo que nos parece bien en nuestro corazón?

Ellos tuvieron una discusión al respecto, debatieron, decidían que hacer en cuanto al sagrado mandamiento, al final, ellos decidieron hacer así, y tomaron mujeres de las hijas de los hombres y contrajeron matrimonio con las hijas de los que habían renunciado a Dios.

Aquel que los lideraba, Sam-laza, les habló diciendo: ¿Quizá alguno de ustedes se arrepienta, y abandone a su jefe de manera traicionera, y acontezca que sólo yo experimente la muerte?

Entonces, ellos le respondieron diciendo: Juramos, y nos comprometemos como uno solo, en maldición conjunta que no cambiaremos de decisión ni de propósito, más bien haremos todo lo que hemos jurado hacer.

Entonces, todos ellos realizaron en conjunto el juramento, y así mismo se obligaron a cumplir so pena de la maldición. Ellos decidieron, en un grupo de doscientos, estaban en Ardath, la cual está ubicada muy cerca del Monte Ar.

De este modo, las mujeres que ellos tomaron para sí, concibieron y dieron a luz Gigantes. Estos fueron hombres poderosos y temibles. Estos gigantes fueron los que engendraron los Nefilim, y de estos últimos nacieron los Eliudi, fueron muchos en número.

Las enseñanzas que impartieron los caídos.

Los que decidieron descender y tomar mujeres, se enseñaron a sí mismos y también a sus esposas. Enseñaron todo el conocimiento y las cosas de Satanás.

Azael, hizo las espadas y las pecheras, así como también fundió los metales de la tierra. Con sus manos, fabricó oro y plata para las mujeres, quienes llevaban adornos como la mujer ramera.

También trabajo con las piedras preciosas, a sacarles brillo y a darles un falso esplendor, a usar diversos colores como tinturas, a violar las leyes de Dios, a pervertir el camino de la justicia, de modo, que la iniquidad y la injusticia se levantó sobre la faz de la tierra. Así, fue alimentado el odio en los corazones, también se hacían maldades con las raíces de las hierbas.

De aquellos que se apartaron del camino del Señor, y se contaminaron a sí mismos, Yakún desvió a la descendencia de los sacerdotes y los llevó por el camino de la maldad entre los hijos e hijas de los infieles e inicuos.

También, el llamado Kesabela enseñó el mal consejo a los hijos de los sacerdotes, de manera que los impulsó a la corrupción de sus mentes y de sus cuerpos, emparentando con la generación del malvado e inicuo.

Aquel llamado Gader-Eli, fue uno que se dedicó a fabricar los instrumentos para la muerte, y de su mano vinieron aquellas cosas a las manos de los hijos de los hombres en la tierra para siempre.

Otro de ellos llamado Penemue, fue quien reveló y enseñó a los hijos de la tierra cosas dulces y amargas, él enseñó también muchos misterios ocultos, y enseñó textos escritos que no debían ser mostrados.

Y aquel llamado Kasyadi, fue quien enseñó las apariciones de los dioses y de los Espíritus. La manifestación del Divino desde la matriz, y del Puro, y la manifestación en la luz del Esplendor.

Capítulo 10: El ruego de los arcángeles a favor de los caídos.

Todos estos, que eran jefes entre los vigilantes que tomaron mujeres de entre las hijas de los hombres, practicaron pecados terribles e iniquidades, y se contaminaron con mujeres que ellos desconocían, ellos hicieron burla al mandamiento sagrado.

Ellos también provocaron la muerte de aves, y de muchas inofensivas criaturas, se inclinaron ante las imágenes de peces y bestias. Ellos también comieron carne y bebieron sangre, y lo hicieron hasta el momento en el que la tierra gimió y lloró.

La iniquidad fue esparcida sobre la faz de toda la tierra, la prostitución en todas las naciones prevaleció. Y otros practicaron el ocultismo, Amazarach ejerció la hechicería, Arimez desarrolló asuntos de magia. Ellos también adoraron a los falsos dioses, hicieron magia en el nombre de Abdi, Og y Nura.

Ellos, entonces, provocaron corrupción sobre la tierra, corrompieron todas sus sendas, y observaban las esferas para practicar cosas indebidas.

Entonces, los humanos y los animales levantaron su clamor a Dios, y su ruego llegó delante de su trono.

Fue entonces, cuando los Espíritus Santos, observaron desde el cielo, y vieron sangre en la faz de la Tierra, y la maldad practicada sobre ella, y vieron cómo clamaban los espíritus de las almas.

La maldad y la iniquidad habían corrompido todo en la Tierra, y los Arcángeles del Señor vieron este gran mal en todo lugar. Entonces, dijeron los espíritus: La Tierra esta afligida y triste, ahora, oh Santo de los cielos, están llorando las almas d elos hombres.

Tu Señor de Señores, tu trono es para siempre, nada puede esconderse de tus ojos, tú puedes ver la corrupción que estos provocan en la Tierra, se han contaminado con las hijas de los hombres, y cometen crímenes, y tus hijos claman tu socorro. Declara tu voluntad.

Capítulo 11: La purificación y restauración de la tierra.

En aquel momento, Miguel le habló a Rafael diciendo: Ata a Sam-laza de sus manos y de sus pies, y lo arrojarás de cabeza en la gran oscuridad, cubrirás también su rostro.

Restaura la Tierra que él logró corromper, anunciarás vida, y también resurrección. Ellos verán, que no morirán todos los hijos de los hombres; los que oprimen irán a destrucción, los hijos de los vigilantes, y los que con tirnai gobiernan la tierra.

Pero, los que son bondadosos y justos, serán como árboles que florecen siempre, cerca de sus fuentes de aguas, o estarán en la orilla de corrientes de arroyos. Sucederá entonces, que el de corazón malvado no verá los días santos, aquellos días de hermosura, en el tiempo en el que el Puro habrá de engendrar miles, y su reposo serán jardines de paz.

En aquellos tiempos, toda la faz de la tierra será llena de semillas de Justicia; habrá en gran multitud árboles de bendición, y cada árbol del Paraíso crecerá también allí.

Muchas viñas serán sembradas, y su fruto será en gran medida abundante; por grandes medidas habrá en abundancia aceite, y multitud de árboles de olivo y prensas de aceite.

La Tierra será purificada de toda injusticia, será quitada la opresión, desaparecerá la impiedad, y toda contaminación será quitada de la faz de la Tierra. Para aquel tiempo, los hijos de los hombres serán puros, y todos los pueblos darán adoración a Dios únicamente.

El Señor hará venir desde los cielos, la lluvia de bendición sobre ellos, y sobre toda obra de sus manos, la bendición de Adonai correrá como río, paz y justicia vendrá desde el cetro, y gobernará desde los cielos.

Capítulo 12: Las palabras para los vigilantes y su condena.

El mensaje a los Vigilantes.

Yo Enoc, ya existía antes de la existencia de Todas las Cosas, estaba en lo secreto de lo profundo, y ningún ser humano supo donde yo estaba. En verdad, estaba entre los santos, dando honor al Gran Señor, en el lugar distante donde la oscuridad no habita, ni se ha visto alguna sombra.

En aquel lugar y momento, me vino una voz, santa y excelsa voz, la cual me despertó para que con lengua humana yo la proclamara.

Entonces, la voz del águila me habló diciendo: Enoc, pariente del Sol, ve y habla a los Vigilantes, aquellos que han caído, los que desertaron de su santo llamado, los que se corrompieron sobre finos lechos, y abandonaron sus tranquilos santuarios.

Por haberse corrompido en lujuria, no sentirán paz en su destierro, más bien, darna voces de gemido sobre la destrucción que ellos mismos provocaron, llorarán, recordando aquellos días cuando la verdad y la misericordia habitan sus corazones.

La condena a los Vigilantes.

En aquel momento, se escuchó una Poderosa Voz: Este juicio es justo, sus espadas se bañaron en sangre, así como sus flechas dejaron caer gruesas gotas.

Entonces, dije: Oh, tu caído, una sentencia ha sido declarada contra ti. Aquel por quien todo existe, el Invisible, el Único Dios, me ha enviado, y tus pecados y rebeliones serán sujetas a ti con bronce.

Ninguna ayuda recibirás de ninguno de tus compañeros, no alcanzarás piedad por causa de tus ruegos, pues es inmensa tu iniquidad y violencia.

El ruego suplicante de los condenados.

Caminé un poco más adelante, y pude ver a otros más. Ellos, pálidos temblaban, estaban llenos de terror, y me rogaron que suplicará a Dios por ellos, para que alcanzaran el perdón del Señor.

Escribí sus suplicas, también registré los tormentos que pude ver, y cómo buscaban compasión para alcanzar reposo.

Seguí adelante y pasé las aguas de la devastación, leí el escrito de los castigos allí, y fui transportado, y tendido, como en una nube pude ver visiones del Señor.

Ante el caído, tuve una extraña visión. Al levantarme fui al desierto de las aguas del cataclismo, aquel desierto se llama Oubelsayael, pude ver sus rostros cubiertos, y narré la visión, pero ellos estaban llenos de temor en la oscuridad.

Caídos, vosotros los que estáis bajo el juicio, no ha sido escuchado vuestro ruego; la voz del Señor ha dicho: Ustedes lo abandonaron, y ahora son abandonados por él. Pueden llorar, pero deben suplicar en silencio, y no murmurar contra el decreto.

El Salmo Segundo.

Todo honor sea para ti, Dios de los mundos. Todo honor para ti, Eterno y Señor de toda justicia. Tu misericordia sobre todos los que te sirven. Eres tú, Rey de todas las cosas, Protector de todo el Universo, Dueño de Todas las Cosas.

Todo lo que existe es por tu voluntad, das salvación y eres propicio al necesitado. Permite que sea adorado tu nombre en las arboledas, en los bosques, en los lugares altos, bajo el cielo y las estrellas.

Tú eres el más sabio y hermoso, Suprema inteligencia y sabiduría, tú eres fuente y comienzo de todas las cosas, Espíritu de todo el Universo. Podemos arrodillarnos en amor y gratitud, dando honor al Todopoderoso, Señor de bondad, sin fin alguno.

Capítulo 13: La temible recompensa, El Libro, Kolob y las pastores lobos.

Los poderosos y su temida recompensa.

Entonces, mire hacia el otro lado, allí pude ver un valle muy profundo que ardía en fuego, en ese lugar vi monarcas, pontífices, hombres poderosos, ceñidos en hierro fuerte; en grilletes de hierro sin peso. Fue cuando le hablé su ángel y le dije: ¿Quiénes son aquellos con grilletes, y por qué razón están atados?

Él me respondió diciendo: Son los hijos de Azazel, son los hijos del infierno, y están sujetos con clavos de condenación. Ellos mismos se han lanzado a este lugar, ellos recibirán la cosecha temible, la recompensa de sus crímenes, ellos se convirtieron en los Perversos ministros de la maldad.

Ustedes hombres poderosos, reyes y líderes, los que ocupan los lugares más altos; ojala, pudiesen ver al Poderoso en su glorioso trono.

Los días de su vida terminaron, pero, los días de su castigo son para siempre. Ruegan en voz alta al Águila, pero él no los oye. Claman al Leviatán, a los dioses-león, a todos los esplendores y nadie los puede escuchar.

En aquel momento, fueron abiertos los depósitos de las aguas del cielo, así como las fuentes de las aguas, y el rugir de los siete truenos fue oído sobre todo aquel oscuro océano, de tal manera, que mi alma de deshizo como el hielo en sus gotas.

Bendito seas tú, oh Dios, que montas sobre el torbellino, que le diste costa al mar, y que dijiste a las montañas, hasta aquí.

El libro y el ángel.

Precisamente, en esta región pude ver al ángel de Dios, cuyo nombre es Rasiel, estaba inclinado a orillas de un arroyo resplandeciente, al verme, se me acercó.

En su mano me mostró un libro que resplandecía como el fuego, en sus páginas pude leer misterios; entonces, puso su libro en mis manos, y me habló diciendo: estos son las órdenes del Cielo.

Al observar, vi las páginas en blanco plata, sus marcas eran como zafiros, con temor y gran admiración, veía variedad de imágenes de lo oculto, y las estrellas se movían haciendo remolinos.

Tomé con mis manos aquel libro, ardía, era como estar tomando con mis manos el Sol; era también como incienso y mirra, cada una de sus hojas resplandecía con mucha luz.

Acerca de Kolob.

La Dorada Mano que está en los cielos me levantó, y me trasladó al Paraíso, donde está la estrella central del Universo, la estrella del Infinito, la grande y celestial, donde reposa la presencia de Dios y la gloria de su Espíritu.

Las diez esferas resplandecientes se ubicaron sobre mí, en una hermosa vista, y pude ver incontables imágenes vivientes, respiraban con el soplo divino. Vi también, a los puros y apreciados en gran manera que representan la belleza de la Esencia del Señor.

Me fue revelado el Cielo completo como una imagen resplandeciente en armonía y gran luz. El misterio de los poderes, Vida, Intelecto y Espíritu, resplandecían con el fuego divino de la esencia de Dios.

Entonces, mi corazón de deshacía en silencio. Observé las estrellas y sus periodos eternos, y ruedan en la llama de un resplandor eterno, y el Espíritu divino soplando vida.

Los pastores lobos.

Después de estas cosas, caminé y llegué a un gran río de fuego, el cual, llegaba hasta el Gran Océano, vi grandes corrientes de Muerte, corrientes de destrucción, alrededor, vi tinieblas, sombras y había mucho silencio, vi los misterios del Abismo.

A este lugar serán sujetos todos los que hacen pecadores a los seres humanos, aquellos que los hacen ir por el camino del error; es su manera de dar ofrenda al diablo, y hacen burla de la adoración al Único.

Pero, en el tiempo señalado, ellos mismos darán cuenta de sus actos, en el tiempo en el que serán castigados todos los inicuos.

La oveja irá por el camino, siguiendo a aquel lobo con apariencia de pastor, el cual la lleva a pastos de muerte. Allí hay bestias terribles como monstruos, seres de forma extraña, y raras aves.

En los Valles Oscuros, a distancia muy lejana, vi a los pecadores que habían negado al Señor, unos a otros se empujaban cayendo al vacío de profunda oscuridad. El mal en sí mismo les da su pago, pues el Señor es amor en todo le Universo.

Capítulo 14: Acerca del cuerpo, el alma y el espíritu.

Los tres niveles del Universo.

En el Universo existen tres órdenes para la vida, estas son: La vida celestial, la vida espiritual y la vida material. La primera vida, corresponde a aquellos que moran en los cielos en resplandor y proximidad a Dios.

Debe considerarse que los espíritus son puros y no tienen cuerpo de carne, ellos tienen incontables rangos o jerarquías, todo eso de acuerdo a su resplandor y belleza, y esta belleza está marcada por su perfección.

Toda la vida material es impura, también tiene incontables estados y ordenes, esto es de acuerdo al carácter del principio de vida y de la manera en que decide desarrollarse.

Los espíritus que se desarrollan con impureza debidos a sus malvados e inicuos pensamientos, están en la incapacidad de vivir el ámbito de los cielos, más bien caen precipitadamente como una roca a través del aire ellos se hunden en el caos, y anhelan tener algo palpable para salvación de una mayor degradación y del dolor de su error por la eternidad.

Por eso, ellos anhelan tomar forma que sea armónica con la naturaleza, y construyen para ellos mismos unos cuerpos, lo hacen impulsados por el deseo eterno que se mueve en su interior.

De esta manera, las razas de los humanos se hacen a sí mismas, habiendo sido ellos primero espíritus caídos en la preexistencia, ingresan de modo invisible en los cuerpos, y en su vientre forman para sí el cuerpo.

Entonces, los espíritus se hacen a sí mismos visibles por este medio, es decir, a través de los cuerpos carnales, y a estos se unen a través del principio del alma.

El alma, viene a ser el vínculo o unión que une al espíritu con la carne o cuerpo, y en el momento en el que esta unión se disuelve viene la muerte y separación.

El espíritu que ha dado vida se corresponde con todos sus poderes en el cuerpo, pues ha sido el espíritu el que ha fabricado ese cuerpo para sí mismo. Por todo esto, se ve diferentes energías en el hombre, inclinaciones, pasiones, y otras cosas; y cada energía está ubicada en el cerebro del ser humano.

Capítulo 15: Los satanes, los seis ángeles y Enoc oculto.

Los satanes.

Después, pude ver un valle en lo profundo, la entrada era muy ancha, los accesos eran largos y muy oscuros; todos traían ofrendas allí, y aquel valle nunca se llenaba. Las manos que producen maldad, los que trabajan con iniquidad, allí recibirán su retribución.

De modo, que el pecador se alimenta de sus propios crímenes, son como cadáveres que seleccionan su propio satán para su castigo.

Con mucho terror miraba yo aquel valle, lugar de gran perturbación y lamento de multitudes, ríos de fuego lo recorren, se mezclan con aguas turbulentas y oscuras, allí los satanes se hunden en una locura y culpa, llenos de furia.

Acerca de los seis ángeles.

Como la esfera del Sol, había seis ángeles en resplandor, ellos administran y custodian sobre la Tierra de la Sombra. Los seis ángeles que vigilan por mandamiento del Señor son:

Uriel, el que dirige todo aquel lugar, él gobierna sobre las tempestades y sus terrores.

Rafael, éste es quien impulsa a los espíritus que andan errantes.

Raguel, es el encargado de castigar a aquellos que se rebelan.

Miguel, delegado para recompensar a quienes actúan de manera correcta.

Saraquiel, es el encargado de dirigir a las demás esferas.

Gabriel, es quien los recibe en el Ikisat.

Estos seis son los Santos Ángeles de resplandor, a quienes Dios ha delegado para que administren las cosas de la Tierra de las Sombras.

El espíritu de Enoc oculto.

Después de acontecer estas cosas, me di cuenta que mi espíritu fue escondido. Fue ocultado por cierto tiempo en el Cielo, allí donde están los hijos del Santo Espíritu, ellos caminan como si anduvieran sobre brasas encendidas, sus vestidos de un blanco que resplandece, su aspecto en general como cristal.

Pude ver dos ríos de fuego, los cuales resplandecían como el jacinto en su resplandor. En aquel momento, caí en la presencia del Señor de los espíritus; entonces, uno de los resplandecientes me levantó y me condujo a un lugar secreto, y en ese lugar el espíritu de Enoc está escondido.

Capítulo 16: Consejos y profundas enseñanzas al Hijo.

Con atención, escucha hijo mío, revelo cosas que es necesario que sean conocidas, escucha las palabras de mi boca:

Acerca de la integridad y la justicia.

Esfuérzate y acerca tu corazón a la integridad; no te acerques a ella con hipocresía. Persevera en lo justo, apártate de la mentira y del engaño, de los labios que hacen mal, que sea la verdad tu compañera, pues ella es un ángel en los cielos.

Sobre el temor al Señor Dios.

Que esté presente el temor de Dios en todas tus acciones, y la ganancia vendrá a tu vida sin esfuerzo. Nunca te levantes de tu lecho, ni te acuestes con la Luna hasta que primero te hayas postrado delante del Santo Señor.

Acerca de los últimos días.

Como está establecido, el Señor sale de los cielos, y establece poder en sus leyes. Los hacedores de maldad son alejados de su presencia, y perecerán bajo la luz del Sol. Las grandes torres de indignidad caerán, y todo será quemado en ellas.

Acontecerá que los primeros cielos pasarán, y surgirá un nuevo cielo, en aquel tiempo los justos resplandecerán siete veces más, delante de la presencia gloriosa del Señor.

La esperanza para todos los justos.

Y tú no te aflijas por lo que sucederá en aquellos tiempos, pues está establecido un tiempo para cada cosa. El verdadero bien se levantará y será ceñido de santidad, amor y verdad. Al final, el justo será recompensado y verá la retribución de su rectitud.

Los mandamientos.

No darás tu adoración a ídolo alguno.
No matarás.
No abrirás tu boca contra Dios.
No buscarás la mujer casada.
No robarás.
No cometerás injusticia.

Son estos, los seis mandamientos que escuche declarar en los cielos al Santo y Verdadero.

Acerca del matrimonio y la mujer.

El matrimonio es un deber sagrado que el Señor ha establecido para todos. Ningún hombre debe ser célibe. La mujer que no llega a su cama, pues es virgen, será como agua contaminada, no digna del amor de hombre.

Más bien, la esposa que anda en castidad honra su familia, la esposa viene a ser el alma del hombre, es su mitad, su amiga y fuente de alegría.

La esposa, con su agradable y amable conversación, es compañía agradable, ungüento que deleita y da consuelo al cansado en el caminar de la vida. Las manos que tejen, que bordan, que cuidan a sus hijos con amor, son las manos hermosas y de gran valor para el Señor.

Proverbios.

Procura dar honor al Santo en todos tus deberes, esto retiene al corazón de hacer maldad. La verdadera sabiduría está en el Señor y en todo lo que él ha establecido como virtud.

Quien se adora a sí mismo, adora al infierno; no jures por el nombre del Santo, sea tu boca verdad y justicia siempre. Conoce a Dios, y esto te será por bien y vida, el Universo muestra la grandeza de Dios.

Capítulo 17: El Mesías.

Las montañas que servirán al Mesías.

Después de haber declarado estas palabras, fui transportado hacia arriba en un torbellino, y fui llevado a la región del oeste. Pude ver muchos y diversos misterios, vi varias montañas, una de hierro, otra de cobre, de plata, de oro una de metal fluido y otra de montaña de plomo.

Entonces, le pregunte al León diciendo: ¿Qué son estas cosas que he podido ver en misterio? Él respondió y dijo: estas cosas por las cuales has preguntado están inhabilitadas por Uno que vendrá, quien tendrá dominio sobre tu tierra, destruirá el poder de los emperadores. Espera, en poco tiempo lo sabrás.

El tiempo señalado lo conocerás, lo leerá en un libro, te será revelado. De nada servirán el oro, la plata, el cobre, ni la espada de hierro, ni escudo de bronce, aunque en esto se apoye el malvado. Cada una de las montañas que has visto, vendrá a ser esclavo de aquel que va a hacer conocer a los hombres la verdad, y ellos se inclinarán ante la palabra que él proclamará.

El Mensajero Entronizado.

Estas son las palabras declaradas por el Señor de los Cielos:

Vendrá el tiempo cuando el Mensajero será establecido en el Trono, tiempo en el que será coronado el Puro con mitra. Bendito es aquel que confía en mí, son los que hallan el verdadero gozo en el Padre, y el Escogido por el Señor habitará en medio de ellos, como un padre con sus hijos.

Pondré belleza en la resplandeciente faz de los cielos, y así daré a ellos nuevos deleites. Bendeciré todo ello, le pondré mucho resplandor, por razón de los divinos. La tierra también cambiaré, la pondré en luz y gran belleza, mis hijos miraran en ella llenos de alegría y admiración.

Los consagrados morarán en palacios de estrellas, mientras que los seguidores de satanás, no verán esta hermosura. Así, como un cadáver no puede moverse entre los cuerpos con vida, no puede el sensual morar o permanecer entre los espíritus de luz.

Capítulo 18: La sabiduría, el vaso místico, el león habló, un ejemplar castigo.

Acerca de la sabiduría.

Entonces, uno de los espíritus me habló diciendo: La sabiduría es el único resplandor, el necio es oscuridad, y miseria es negar la verdad. Un día la sabiduría bajó a la tierra y no halló lugar donde morar, su morada por lo tanto, está en los cielos.

Cuando la sabiduría descendió a la tierra no encontró un árbol donde proteger su cabeza, entonces regresó a los Cielos, y Dios le concedió un trono junto a él. Ella mora con los ángeles de hermosura.

Mientras que la necedad, iluminó la faz de la tierra, en aquellos tiempos cuando la sabiduría la abandonó. La necedad halló lugar entre los hijos de los hombres. Ella transformó los verdes pastizales en un desierto, allí la estupidez mora para siempre.

Las cosas que resplandecen tienen su morada en los Cielos. Mientras que las cosas oscuras habitan en los palacios de la tierra. De este modo, se ve lo opuesto en las cosas de Dios y de los hombres.

Acerca del Vaso Místico.

Son tres los espíritus que resplandecen y emanan luz pura, ellos vierten rayos con el más tierno y dulce cantar. Se mueven alrededor del Vaso Místico, el cual brilla y emana un incienso con aroma perfumado.

La mente universal se levantó en medio de los doce árboles, la cual ardía en llamas y era fortalecida por la fuente divina. Los doce árboles eran hermosos, sus formas como columnas que resplandecen con brillo extremo.

El león Habla.

En aquel momento, se escuchó la voz del León: No te detengas, hijo de hombre, no te detengas en la gloria oscura y los atractivos de la tierra, porque allí la maldad enreda tu espíritu puro, llevándolo a la destrucción.

Levántate hacia el cielo del Señor, procura su morada, el hermoso paraíso, lugar en el cual no existe mentira ni engaño alguno, todo allí es amor y belleza pura. No te acerques a la oscuridad, pues tú eres heredero de los cielos, acércate y vive en la luz que permanece y que viene del Padre Dios.

Él es quien te da espíritu inteligente, espíritu de luz, presérvate de toda mancha y oscuridad, libre de maldad y pecado. Ellos envidian, se cubren de oro y plata, con su lengua hablan mentira y violencia, son duros y fríos de corazón.

El castigo ejemplar.

Entonces, vi que se levantaba una gran montaña, en su base había un estrecho valle, y hacia sus límites todo era oscuro y planicies torcidas. Había piedras oscuras a lo largo de la soledad.

Ellos se levantan como águilas por su comida, en medio de ellos está ubicado un árbol, asombrado estaba por aquel valle y por el árbol. Por eso, pregunté ¿Cuál es el significado del éste jardín? ¿y qué es este árbol y el terrorífico valle?

Uno que estaba vestido de resplandecientes estrellas me habló diciendo: Este es el valle de los malditos. Aquí son reunidos los que blasfeman, los que hablan de Poderoso con palabras impías, éste será su lugar.

Serán como ejemplo y testimonio la justicia del Señor, cuya rectitud y justicia por siempre resplandecerá. Él me dijo también: No temas. Pero, el temor me sobrecogió y deseaba ocultarme. No tiembles, me dijo, porque tú eres el mensajero.

Capítulo 19: La montaña y la copa reluciente.

La montaña elevada.

Fui levantado, por el poder del espíritu de Dios, a un lugar en el cual había llamas de fuego que resplandecían con intensidad, y cuando lo deseaban podían tomar forma humana, era hombres poderosos y de gran belleza.

Y ellos me transportaron a un lugar muy alto, era una montaña que iba hasta el Empyrean. En ese lugar estaba el depósito de los truenos, sus extremos eran profundos, y cada uno de ellos tenía un arco de fuego con flechas resplandecientes.

Vi, también una espada, la cual era como de fuego y una armadura de fuego puro, los relámpagos resplandecían y daban temor. De pronto, me levantaron a las aguas de vida. Pude ver y observar con detalle, el magneto que sostiene la tierra.

Allí estaban los cuatro vientos que nacen desde las cuatro esquinas de la tierra, vi cómo se levantan entre el cielo y la tierra, iban armados con truenos. También pude ver el camino de los espíritus de luz, era un sendero fuerte y con el resplandor de miles de soles.

La reluciente copa.

En la tierra, en su extremo, vi una copa que resplandecía, pasé y vi el lugar donde ardían las seis montañas constituidas por gemas y piedras preciosas. En medio, se levantó como el trono del Señor, era de gran belleza y como zafiro, hermoso y brillante como el jaspe.

Su forma de gran belleza y esplendor, una luz poderosa se movía alrededor en hermosas olas, era más hermosas que la puesta del Sol. Observé un lugar de mucha amabilidad y paz, aguas abundantes estaban en hermosos lagos.

Sobre la superficie de los lagos se refleja la imagen y brillo de las águilas de fuego que pasan por allí, el paisaje es único, lugar de calma y armonía.

Adora a Dios, sólo él merece todo el honor, él es el Santo por toda la eternidad, es el Único anciano de días.

Capítulo 20: La oración de los justos y el libro abierto.

La oración de los justos que asciende.

Hasta las puertas del Señor, ascienden las oraciones del bueno y justo. La sangre de los justos que en la tierra es derramada, levanta una voz ante el Señor que no cesa hasta llegar a los oídos del juez, Rey de los espíritus.

Entonces, el cielo se reúne, se elevan cantos de alabanza y ruegos, mientras se invoca el nombre del Señor de justicia. Allí las oraciones del puro y justo, son utilizadas con propósitos nobles, y el inicuo ni su maldad prevalecerán sobre el bueno y la justicia.

De pronto, paso fugaz la noche al amanecer, y brilló sobre la faz de los lagos su luz, bellezas flotaban sobre las olas, y con diversas luces como las de los serafines.

Sus pies y sus hombros se movían con armonía y resplandor, se escuchaba el cántico de las olas mezclados con las estrellas. Allí se encontraban las fuentes de la eterna juventud, fuentes que eran vigiladas por dragones y águilas poderosas.

El libro abierto.

Entonces, pude ver a los ancianos de días sentados en su trono, el cual resplandece en gloria y luz, ante él fue abierto el libro. En éste, están escritas las leyes supremas.

Los esplendores del cielo, y todos los poderes de los cielos, así como las inteligencias puras y vivientes, estarán junto y alrededor del trono de juicio.

En aquel tiempo los corazones de los buenos y justos se alegrarán, porque el día de su retribución ha llegado. Sus oraciones han sido escuchadas y su sangre no se ha derramado en vano.

En aquel tiempo se levantará la mano de justicia, y la fuente justa mana desde los manantiales de la sabiduría, y el sediento beberá y disfrutará el conocimiento del paraíso.

Capítulo 21: Acerca de la esfera de los cielos.

Las esferas celestiales.

Pasadas estas cosas fui transportado y fui llevado muy lejos a los cielos, allí pude ver las esferas de los cielos, se desplazaban con gloria sobre llamas de fuego encendido. Sus vestidos eran blancos y resplandecientes, y la faz de su rostro como ámbar transparente. Vi además, dos ríos de fuego que fluían y resplandecían como el jacinto.

Caí postrado sobre mí rostro ante la presencia del Señor de los espíritus, y uno revestido de estrellas me tomó por la mano, me levantó y me llevó delante del Trono de Misericordia.

Entonces, me enseñó los secretos ocultos, los depósitos de las estrellas, y su poderoso resplandor. Su luz salía con poder, y él me escondió de la Estrella de la mañana.

Luego, vi un palacio construido con piedras de diamante, en su interior, en medio, había deslumbrantes piedras preciosas, había lenguas de fuego, vi también la Casa de fuego, y en uno de sus extremos habían ríos con mucho fuegos que ardían con fuerza, y la cercaban alrededor.

Luego de estas cosas, vi otro cielo, era un paraíso con muchas y diversas mansiones, tambíen estaban las divisiones de la Ciudad Celestial, las ordenes de los diferentes espíritus, y vi también los palacios de las Inteligencias Inmaculadas, su resplandor iluminaba todo lugar.

Luego, fui transportado a otra de las extremidades de la esfera, en ese lugar pude ver gran número de criaturas vivientes, eran diferentes a todo lo que yo había visto, y cada criatura era diferente a la otra. Con distintas formas aladas, vivían junto a las cascadas plateadas de agua.

Luego, pude ver estrellas que venían, podía contar los ministros celestiales mientras venían en su perfecto orden. Escribir sus nombres y sus tiempos, mientras los hijos del Paraíso se movían con sus alas. Poderosos en sus obras y palabras, ellos los mensajeros enviados por Dios.

Capítulo 22: La muerte, los cielos y los infiernos.

Las mansiones en los cielos.

En el Reino de los Cielos hay mansiones en multitud, las esferas celestiales son de gran belleza y esplendor, es allí donde moran los espíritus de amor. Son muchos los frutos del gran árbol, las esferas de luz son más brillantes que el arco iris.

Allí se percibe el amor de Dios en todo lugar, y todos sus habitantes disfrutan de aquel amor. A este lugar suben los espíritus humanos, los que vivieron en verdad, justicia y pureza, aquellos que desearon el conocimiento de Dios y sus almas están vestidas de sabiduría.

Acerca de la muerte.

En el momento en el que el ser humano sale de su vida terrenal, se levanta como una nube, como en un sueño, una resplandeciente gloria del cielo lo envuelve, al abrir sus ojos y extender sus extremidades, se da cuenta es un espíritu.

Aunque puede ver su alma como una vestidura, esta desprovisto de su cuerpo físico. Entonces, es afligido en miedo y gran temor, no sabe a qué lugar va. Percibe que un viento lo lleva flotando, y sus pensamientos están en el más grande Dios.

Mientras estuvo en la tierra, fue Dios su guía, maestro y consolador, su Padre y por eso, se llena de una paz que viene del cielo, mientras asciende.

Acerca de los infiernos.

De modo similar, las moradas del impío se corresponden con su iniquidad. Los espíritus que han caído se reúnen según sus características y acciones. Satanás los reúne, en regiones caóticas, sin luz alguna, en medio de vicios detestables y crueles, disfrutando la sangre, la impiedad y el engaño.

En medio de las tinieblas se esconden de toda luz. El odio y el rencor impulsan sus pensamientos y propósitos. Así, son las mansiones de Satanás, opuestas en todo a las de los cielos. Todos están destituidos de fuerza y vigor.

Según lo establecido por el Señor, de que lo semejante sigue a su semejante, ellos habitan allí, donde las tinieblas lo llenan todo, no existe luz alguna, el ambiente es de muerte y malos olores.

Sus conciencias son de acuerdo a la mente inicua del hombre terrenal, sus mentes son casa de escorpiones. Ante ellos, aparecen fantasmas, figuras oscuras y otros seres de formas extrañas, con fuerza y frecuencia viene la culpa para atormentarlos. Toda su imaginación es oscura y trágica, vaga la conciencia del pecador en dolor y frustración eterna.

Capítulo 23: La montaña ardiente, el fuego que corre y la vanidad.

El fuego que fluye hacia el Occidente.

Fui llevado a un lugar diferente, muy distante al Oeste, muy próximo a la esfera. En aquel lugar pude ver un turbulento fuego ardiendo, nunca su correr se detenía, más bien como la corriente del océano siempre fluía, y su rugido era muy fuerte y constante.

De manera que pregunté ¿Qué este fuego que nunca se detiene? Entonces, uno de los espíritus santos me respondió en voz muy baja, diciendo:

Este es el fuego que fluye hacia el Oeste y nunca cesa, es fuente de las luces del cielo, ellas se alimentan de él, y son así renovadas continuamente para resplandecer siempre.

Acerca de la montaña ardiente.

Posteriormente, fui llevado a otro lugar, y pude ver una montaña de la cual emanaba fuego, siempre estaba ardiente y fluyendo, su resplandor era tal que los cielos fueron iluminados.

Me acerqué un poco más, y vi otras siete montañas, todas ellas diferentes la una de la otra en grandeza, tenían muchas piedras preciosas y brillantes, todo era de gran belleza.

Estas montañas se levantan en la región del Oriente, la una sobre la otra, amontonadas, la montaña de fuego estaba en medio. Muchos árboles crecen sobre estas siete montañas.

Se podía ver el Árbol de fragancia divina, único en todo el paraíso. Sus flores y sus hojas, al igual que su corteza, nunca se marchitan ni se secan. Como las estrellas en brillo y belleza, son sus frutos; en grupo estos frutos reciben y atienden al caminante de tierras secas.

Sus hojas no son como las terrenales, pues son esmeraldas engastadas en oro puro, y sus hermosos y preciosos frutos compuestos de miel y rosas.

Acerca de la vanidad.

Hombre, debes comprender y dar tu corazón a la sabiduría. ¿Cuál es la razón de tus trabajos y penas para alcanzar las riquezas y el oro? El vano placer, y al final estos mismos placeres o vicios se ataran a ti por siempre.

El hombre sabio y entendido ¿se preocuparía por todas estas cosas, con esfuerzo y penurias? ¿Ataría su corazón y su espíritu a la maldad y al engaño? ¿Se aferraría con fuerza a lo que es pasajero y breve?

Más bien, levanta tu mente, por encima de las cosas terrenales, y medita en el Señor del Cielo, prepara tu corazón para la existencia que ha de venir, cuando pases de este sueño mortal.

Capítulo 24: Las dos montañas, los siete guerreros y las puertas del Sur.

Las montañas sagradas.

Luego, desde ese lugar fui al centro de la esfera sagrada, observé un alegre y fecundo jardín; allí los árboles producen continuamente nuevas ramas, y crecen ramos grandes y hermosos de exquisitas frutas.

También vi allí una Sagrada Montaña, y por debajo de ella, hacia el Oriente, había aguas dulces y hermosas, estas corrían como luz en dirección hacia el sur dorado, y en su recorrido entonaban su dulce melodía.

También, desde allí pude observar la otra montaña, grande, alta y hermosa como la anterior, se levantaba hacia el cielo que resplandece, hacia la casa de Dios. Entre estas dos montañas, habían numerosos y profundos valles, por los cuales corrían aguas, estas siempre lo hacían hacia adelante con dirección hacia el Occidente, y allí se unían en una lago grande y poderoso.

Los siete guerreros.

Pude ver además, las alas del querubín, onduladas, y puras como el color blanco en su plenitud. Al mirar sus pies, los vi vestidos de resplandecientes truenos, y envueltos en luz. Había siete, quienes mostraban sus lanzas refulgentes, y la nube de batalla los envolvía.

Observé que eran poderosos en fuerza, llevaban estrellas que emanaban gran luz, y sus vestidos resplandecían como olas del mar que brillan con la esplendorosa luz del sol.

En sus piernas llevaban espadas brillantes, y sus cabezas brillaban por causa de los diamantes que sus yelmos portaban, como los inexplicables resplandores del norte, brillaban.

Las tres puertas del sur.

En mi volar, tomé dirección hacia el sur, hacia los extremos de la esfera. En aquel lugar, pude ver tres puertas celestiales, estaban abiertas en su plenitud. A través de ellas corrían ríos de fuego con gran velocidad.

Y salían de allí como en un remolino rayos que brillaban con gran fuerza, y de manera rápida me dirigí hacia los extremos externas de aquel lugar. Había allí tres puertas abiertas, y en su interior había tres puertas más, de menor tamaño, de gran belleza, y por allí los espíritus pasaban.

Eran brillantes como la luz del sol, hermosos como el aire de la mañana; al verlos, levanté adoración al Señor, por permitirme tener aquella visión, pues Dios ha hecho estas maravillas para mostrar así la grandeza de su poder, y para que sea bendecido su gran nombre.

Capítulo 25: La ascensión de Enoc al séptimo cielo.

El ángel.

Después de suceder estas cosas, me quedé solo, estaba ensimismado y suspendido en pensamientos espirituales, flotaba como en medio del mar, y de pronto vi a un ángel, con gran gloria y un brillo mayor al del sol, y él vino y me llevó de la mano.

Entonces, le pregunte: ¿Quién eres tú? ¿Cómo te llamas? Él me respondió diciendo: Levántate ahora. Y le dije ¿a qué lugar me llevas? Y él me respondió: Cuando veas lo que te mostraré, comprenderás quien soy.

He venido desde el séptimo cielo a este lugar, para levantarte ante la presencia de Señor del Universo, y delante de Aquel que todos desean mirar. Al momento, nos levantamos en el espacio.

El primer cielo.

En aquel lugar, pude contemplar un trono que estaba en el medio, y espíritus estaban alrededor de él. Ellos daban honor y gloria al que estaba allí sentado. Al mirar al trono, una resplandeciente luz no me permitió ver alguna cosa, pero sí escuché una hermosa música.

El que iba conmigo me dijo: Estos himnos van dirigidos al que está sentado en el séptimo cielo, y también al Amado quien me envió a ti.

El segundo cielo.

En este lugar, pude ver espíritus hermosos, los cuales estaban ubicados a la derecha y a la izquierda, y había una resplandeciente luz, la cual cubría el trono.

El tercer cielo.

Al llegar el tercer cielo, pude ver que todo era hermoso, allí había muchos ángeles, ellos levantaban sus cantos de alabanza al Señor de toda gloria; yo sólo veía una luz resplandeciente en poder como ninguna otra.

El cuarto cielo.

Llegamos al cielo cuarto, vi a los divinos, estos seres espirituales cantaban y daban honor y gloria a la presencia divina.

El quinto cielo.

Observé que en este lugar, los ángeles eran muy hermosos, y el resplandor que emanaba del trono excedía el resplandor de los ángeles; al ver todo esto, le di gloria a Dios.

El sexto cielo.

En aquel lugar, vi un brillo mayor que en el resto del espacio visto. Los ángeles de allí brillan con un fulgor poderoso. Pero, tú verás al Señor delante de ti, lo verás en centro de los cielos y en medio de sus tronos; esto será cuando dejes tu cuerpo mortal en el que vives, y asciendas en espíritu delante de él. Tendrás un vestido que brillará, y serás entonces similar a los mensajeros del Señor.

El séptimo cielo.

Cuando me levantó al cielo séptimo, pude escuchar una voz que congeló el interior de mí ser: ¿A qué lugar desearía ascender el que habita entre extraños? Y estando en esa condición, escuché otra voz poderosa, que declaró:

Se le permite a él ascender.

Entonces, entramos al cielo séptimo, y allí pude ver muchos espíritus en el resplandeciente paraíso. También estaban en aquel lugar todos los santos del Señor. Vi a los celestiales reunidos delante del Señor de los espíritus, el que resplandece desde su trono en gloria y majestad.

Posteriormente, mis ojos fueron abiertos y vi aquella gloria, impresionante, asombrosa como ninguna, pude escuchar las lenguas de miles y miles dar gloria al que está sentado en el trono. Aquella intensa luz lastimó mis ojos. Los cantos subieron desde los cielos hasta el séptimo, y cantaban alrededor de los tronos al de gran resplandor y eterna sabiduría.

Entonces, el ángel dijo: Este mensajero ha recibido honor, es revestido por el poder del Espíritu Santo. Ve, desciende, traspasa los cielos y desciende sobre la tierra, y libérala de la oscuridad y sus cadenas.

Capítulo 26: Los doce enviados y los cachorros del león.

Los doce enviados.

Entonces, tuve otra visión. Las nubes resplandecían en ondas de gloria, cada una llevaba una estrella. Escuché también, voces dulces y suaves, eran canciones divinas, y los sonidos descendían como lluvia en el verano.

En aquel momento, vi que salían de una cueva himnos angelicales, y la voz dijo: He aquí. Y la visión empezó.

El primero, era alguien semejante a un hombre de pie en los cielos, y a su izquierda tenía el brazo extendido, y en su mano derecha había un cayado, y muchas estrellas resplandecientes.

Luego apareció un segundo, quien llevaba diadema de rey, su vestidura llena de estrellas, y un látigo llevaba en su mano derecha.

Apareció luego un tercero, sin cubierta alguna como la verdad, una serpiente en su mano, cuando apareció, los cielos resplandecieron.

Luego un cuarto, era similar a un héroe, resplandecía como su fuera un arcángel, llevaba flechas consigo, y se arrodilló, llevaba también un palo en su mano derecha y con su mano izquierda aplastaba a los cabecillas.

El quinto, se veía en la plenitud de su fuerza y juventud. Una guadaña sagrada llevaba en su mano derecha, y en la izquierda tenía una serpiente. Tenía alas en sus pies, y apareció como una potente luz en medio de los cielos.

En aquel momento, resplandeció un sexto hombre, este era del linaje de Phen. Su semblante era serie.

Un séptimo pude ver; pero, este era terrible, estaba compuesto así: La mitad era hombre, y la otra mitad era caballo. Tomo su arco y lanzó una flecha de gran poder, tanto, que las nubes se llenaron de terror.

Posteriormente, vi a los gemelos. Tenían muchas estrellas en sus frentes, en sus hombros y en sus extremidades. Uno de ellos tenía un arpa, y el otro tenía muchas flechas.

Luego, vi otro. También tenía como cabeza de hombre, pero sus piernas y su cuerpo eran de caballo de batalla. Marchaba como un conquistador, y estaba cercado de gran luz.

Un undécimo hombre, era de guerra, tenía escudo y armas de plata. Era inmenso en tamaño, un gigante.

El doce ser, era joven, y llevaba una estrella en su frente. Todo su cuerpo resplandecía.

Los cachorros del león.

En aquel tiempo, un poderoso rugido se escuchó desde la tierra hasta los cielos, fue más poderoso que el rugido del mar. Todos los que lo escucharon se postraron para adorar al Santo Señor de los espíritus.

Tal como ocurre con el sol, la verdad se ha levantado, y su luz permanece para siempre, con su luz resplandece en aumento ante el Señor de los espíritus.

Después de estas cosas, pude ver a miles y miles, incontables millares, a cierta distancia del trono se pararon, y entonaron cantos con flautas y arpas, y sus nombres me fueron enseñados por el ángel.

Ellos bendecían al Señor y daba gloria a su nombre. Con poder una voz dijo a los satanes: Salid, malditos, váyanse, el círculo del Señor se les ha prohibido. La maldad les impide estar aquí.

Capítulo 27: Los lagos, la puerta de Norte y el misterio prohibido.

Los lagos

Después de estas cosas, me dirigí por en medio de ciertos lagos, sus aguas nunca faltan. En aquel lugar se encontraba el árbol fragante, Zakasinon, se destaca por su inmensidad en los jardines del cielo.

Al lado de aquellos lagos, veía otros árboles los cuales exhalaban un delicioso aroma, y espíritus celestiales había debajo de sus ramas, los cuales sentados cantaban salmos del cielo.

La Puerta del Norte.

Luego de esto, mire hacia el norte y pude ver el brillo de la Puerta del Norte. Estaba abierta sobre las montañas, y allí vi siete lugares en lo alto, estaban llenos de nardo puro, los bosques de papiro expedían un aroma fragante. y los árboles eran azules y blancos.

Luego, fui hacia las montañas, las cuales resplandecen como el mar cuando el sol le alumbra con sus rayos. Más adelante, un inmenso océano de fuego, el cual resplandecía mucho más que la llama del Oeste.

Luego me desplacé a la otra esfera, allí vi un espíritu que custodiaba el mar, en los cielos es llamado Zatiel, y él me condujo a la Puerta del Paraíso.

Habitantes que moran en las estrellas, brillan en sus hogares. Águilas y serpientes de luz en medio del cielo, resplandecen con una luz superior a la de la aurora.

El misterio prohibido.

Revelación del misterio, allí tu alma se levanta como un ser alado delante del Señor Dios, como los vientos que se desplazan sobre brillantes aguas. Serás llevado como sobre un relámpago, sus alas sonarán como trueno que susurra.

Entonces, escucho una voz que viene desde el trono blanco: Hijo del seno de la luz, permanece, no murmures ¿Por qué ha de descender la espada?

Entonces, se levantó un canto alrededor del trono y llegó ante la presencia suprema. Alrededor del trono todos se arrodillaron, y rindieron sus poderes. Todos se inclinaron en adoración.

Allí, vi al Espíritu de blanco pecho, el cual resplandecía en belleza pura, y en medio de aquellos cantos brillaba como la luna sobre el mar, como la estrella en medio de los árboles del bosque.

Capítulo 28: El árbol del bien y del mal, y los reyes solares.

El árbol del bien y del mal.

Florece en este jardín, alrededor muchos árboles cuya fragancia es excelsa, árboles divinos de gran belleza y hermosura, con colores como los de la ciudad santa.

Estaba en medio del jardín, el árbol del bien y del mal, similar a un árbol de Tamarindo, estaba lleno de frutos similares a los ramos de la uva, y su perfume llegaba hasta una larga distancia.

Una maravillosa luz lo rodeaba; entonces, me dije: Cuan hermoso árbol, en su apariencia me deleito. Entonces, uno de los espíritus de gloria dijo: Este es el árbol del bien y del mal; todos los espíritus que están en el universo son hechos por Dios libres, no son esclavos.

Sólo los que desean lo bello y puro, no toman ninguna cosa de este árbol. Se abstiene por completo de los frutos de éste.

Los espíritus que habitan ante la luz están satisfechos y llenos de lo divino. Cuando uno desea el conocimiento del bien y del mal, toman de su fruto y saborean el árbol, entonces pasan a otro estado y en otras circunstancias.

Los reyes solares.

Después de estas cosas, pude ver tres esplendores, impulsaban carruajes de combate, y resplandeció un espíritu de un vaso dorado. Arriba de todo estos, un grupo de luces resplandecía.

Los serafines, cada uno vestido de arco iris, resplandecían con miles de ojos.

Los querubines, en carros de fuego, vinieron desde el altar de oro del incienso, sus ojos con gran poder, y una serena grandeza.

Los ofanines, pasaron a gran velocidad, como el viento eran sus pies.

Estos son reyes solares. Entonces, oculté esta sabiduría, seis veces alados, sus espadas resplandecen.

Capítulo 29: Las tres fuentes místicas, arpas y espadas, un huevo hermoso y los doce hijos de luz.

Las tres fuentes místicas.

Existen tres fuentes místicas, y doce árboles ante ellas se inclinan. Cuando se estremecen, una hermosa música de arpas tiernas suena. La aurora de cada mañana se levanta desde sus profundidades, una luz fuerte.

Vi una hermosa fuente blanca, la cual fluía entre los arbustos, vi también un arco iris que tocaba la faz de la tierra, pero no era la tierra.

Los hombres con espadas y arpas.

Pude ver una isla de fuego, de su interior brotaban ríos de fuego, y en gran número espíritus que brillaban y resplandecían como relámpagos.

En el centro vi un trono, el cual resplandecía como la estrella blanca en hermosura.

El hermoso huevo.

Este tenía más belleza que el mismo sol, resplandece como en medio de diez mil Arco Iris. Su luz es brillante y rápido. Brilló, se dio vuelta y desapareció.

Vi a hombres pasar con arpas, y con resplandecientes espadas, los vi cuando se deslizaron por en medio del océano de fuego. El ángel me preguntó ¿Quiénes son estos? Dije: Mi señor, tú lo sabes. Me miró y me dijo: Tú también, Enoc, no eres ignorante.

Los doce hijos de Luz.

Fui transportado a gran velocidad, hacia el mar de luz. Fui cubierto en nubes, y transfigurado en un sueño. Me mostró una ciudad, Ambrosia, cercada por soles que brillaban, tenía la estrella de la mañana, era el domicilio celestial.

Allí estaban los hijos de los cielos. Hay doce hijos de luz, ellos van a salir de los salones de fuego. El primero disipará toda oscuridad; el último, verdadero y fiel, resplandecerá la luz del Arco Iris, su nombre es Phani, habló y se hundió en el sol, entonces, el sol resplandeció con dos veces su gloria.

Capítulo 30: El palacio de cristal, el trono del grande, los ángeles de las aguas.

El palacio de cristal.

Fui invitado por las nubes y una neblina me envolvió. La luz de los relámpagos me empujó hacia adelante, y los vientos me aceleraron y me llevaron hacia lo alto. Allí vi una pared construida en cristal, y después de pasar por en medio de un terrible fuego, llegué a un palacio poderoso.

Sus paredes y senderos eran todos de cristal, cada piedra brillaba con mucha fuerza, sobre su techo se movían las estrellas que brillaban con intensa luz.

Llamas de fuego y relámpagos eran lanzados a sus grandes salones, vi a los querubines, brillaban con fuego, como las estrellas del cielo. Sus puertas eran llamas de fuego también, al entrar vi que cada cosa era hermosa en gran manera, mis ojos se deleitaban al mirar.

Al ser consciente del lugar donde estaba, caí postrado, con gran dolor y gran temor, pero seguía teniendo la visión en mis ojos.

El trono del grande en misterios.

Vi otra habitación, mucho más grande y esplendida que la anterior, sus grandes y poderosas puertas estaba completamente abiertas, la luz y la gloria de aquel lugar son imposibles de describir.

Los ángeles de las aguas.

De pronto, fui llevado a una estrella muy brillante. Vi combinados océanos de fuego con océanos de aguas. Vi sus olas, las cuales se movían, blancas y brillantes como cisnes en ejército.

Por encima de ellas, espíritus puros y benditos, algunos tenían alas y otros no, pero todos eran hermosos, podía escuchar ríos de canciones y melodías, con un dulce acompañar de voces y arpas, que cantaban al amor de Dios y a su belleza.

Estos se mueven en medio de las estrellas, sobre las olas de fuego, en medio de los ecos del mar, son ángeles, ángeles de las aguas.

Dame de vuestra sagrada sabiduría, para enseñar a los que andan errantes en la tierra. Entonces, ellos dijeron: Dios te proteja, y recibe ahora esta vara sagrada y sella a los hijos de los hombres con la señal del Uno.

La cúpula era un resplandor que no se podía mirar, y en medio había un trono azul blanco, con un círculo similar al del sol, se escuchaban cantos e himnos de serafines y por debajo del trono fluían ríos de fuego. Ningún mortal puede mirar aquella luz, sólo los que en trance se les concede la visión.

a) El glorioso trono de Dios, Apocalipsis 4:1-3.

Versículo 1 "Después de estas cosas miré, y he aquí una puerta abierta en el cielo; y la primera voz que oí, era como de trompeta que hablaba conmigo, diciendo: Sube acá, y yo te mostraré las cosas que han de ser después de éstas".

Como sabemos en los capítulos anteriores, uno, dos y tres, Jesús se revela y habla a Juan en la tierra, pero ahora cambia el escenario pues el Señor levanta a Juan al cielo, y según nos enseña el resto de esta revelación ya la iglesia para aquel momento ha sido levantada al cielo.

Los dos capítulos siguientes narran los eventos que ocurren delante del trono de Dios, y nos enseñan dos visiones: la visión de Dios Creador, y la visión de Cristo el Salvador, y la adoración que ellos reciben.

La apertura de los cielos, el levantamiento de Juan y la voz como de trompeta nos recuerda que el Señor un día levantará a su iglesia. Juan es llevado en aquella ocasión para mostrarle las cosas que han de suceder, su visita al cielo fue temporal, cuando Cristo levante a su iglesia será para siempre.

Versículo 2 "Y al instante estaba yo en el Espíritu; y he aquí, un trono que estaba puesto en el cielo, y *uno* sentado sobre el trono".

Juan es llevado por el Espíritu al cielo (el estar escrito con "E" mayúscula es una referencia al Espíritu Santo), recordemos que "Jesús fue llevado por el Espíritu al desierto" (Lucas 4:1) y en Hechos 8:39 se nos dice que "el Espíritu arrebató a Felipe y lo dejó en Azoto" y también Dios levantó a Enoc, Elías, ahora a Juan, y en poco tiempo a nosotros.

Seguidamente Juan ve el trono de Dios en el cielo. Es importante tener en cuenta que la palabra "trono" es mencionada cuarenta veces en Apocalipsis. Nos recuerda esto que Dios continúa sentado en su trono y aunque vengan los juicios declarados sobre la tierra en éste libro, el Señor seguirá sentado en su trono manteniendo el control de todas las cosas.

El trono es mencionado muchas veces en éste libro, porque se está destacando la gloria, el poder, el gobierno y la soberanía de nuestro Dios. Quien aparece sentado en éste trono es el Padre celestial, porque es el Hijo quien luego se le acerca en el capítulo cinco, y el Espíritu Santo está continuamente delante del trono.

Versículo 3 "Y el que estaba sentado, era al parecer semejante al jaspe y a la piedra de sardonia; y había un arco iris alrededor del trono, semejante en aspecto a la esmeralda".

En éste versículo Juan utiliza la expresión "semejante a" pues nuestras palabras no son suficientes para describir la naturaleza divina y le toca al apóstol recurrir a términos similares y comparaciones. En este caso usa piedras preciosas (jaspe, piedra transparente; y cornalina, piedra de color rojo") tratando de describir el brillo y resplandor del trono de Dios.

Además ve Juan un arco iris alrededor del trono, y nos dice que es semejante a la esmeralda (al parecer el color verde prevalece).

Este arco iris nos recuerda aquel que Dios puso en el cielo con el que prometió nunca más enviar un diluvio sobre la tierra, por eso el arco iris nos habla de su fidelidad, pues él cumple su palabra; y también nos enseña el arco iris su misericordia porque en medio del juicio de Dios siempre habrá misericordia.

b) Los veinticuatro ancianos y las siete lámparas de fuego, Apocalipsis 4:4-5.

"Y alrededor del trono había veinticuatro sillas; y vi sobre las sillas veinticuatro ancianos sentados, vestidos de ropas blancas; y tenían sobre sus cabezas coronas de oro. Y del trono salían relámpagos y truenos y voces; y delante del trono ardían siete lámparas de fuego, las cuales son los siete Espíritus de Dios".

Respecto a estos veinticuatro ancianos hay diferentes comentarios y la Biblia no nos dice exactamente quienes son, por eso es necesario mirar este pasaje a la luz de las Escrituras en general, y así podemos concluir o por lo menos acercarnos más específicamente a quienes se refiere.

Al estar sentados en tronos indica que ellos reinan con Cristo y en ninguna parte de la Biblia se nos dice que los ángeles se sienten en tronos, más bien a la iglesia si se le promete reinar con Cristo.

La palabra "ancianos" no es usada en la Biblia para referirse a ángeles, más bien indica hombres. Las coronas no son prometidas a los ángeles, mientras que a la iglesia vencedora sí.

Estos ancianos tampoco representan a Israel, pues para aquel momento Israel no ha sido redimido como nación completa. Entonces la opción más lógica es que estos ancianos representan a la iglesia arrebatada que levanta adoración a Jesús como redimidos por la sangre del Cordero.

El versículo cinco nos muestra las siete lámparas de fuego que arden delante del trono, las cuales son los siete espíritus de Dios. Clara referencia a la plenitud del Espíritu Santo. Es muy interesante ver la relación del Espíritu Santo con el fuego, pues nos recuerda que es él quien aviva nuestro corazón y la vida de la iglesia.

c) El mar de vidrio y los cuatro seres vivientes, Apocalipsis 4:6-7.

"Y delante del trono había un mar de vidrio semejante al cristal; y en medio del trono, y alrededor del trono, cuatro seres vivientes llenos de ojos delante y detrás. Y el primer ser viviente era semejante a un león; y el segundo ser viviente era semejante a un becerro; y el tercer ser viviente tenía la cara como de hombre; y el cuarto ser viviente era semejante a un águila volando".

Aquí Juan ve algo "como un mar de vidrio"; en el cielo no hay mar, con estas palabras el apóstol trata de describir lo que está viendo. Es interesante que Moisés describe algo similar en Éxodo 24:10 "y había debajo de sus pies como un embaldosado de zafiro, semejante al cielo cuando está sereno".

Aquí es Moisés quien usa la palabra "semejante" tratando de describir lo que ve, lo relaciona con el zafiro y con el cielo sereno, el zafiro es una piedra de color azul. Por eso Juan lo describe como un mar de vidrio.

Luego Juan ve cuatro seres vivientes alrededor del trono, formando un círculo íntimo alrededor del trono de Dios. Éste versículo seis está muy relacionado con Ezequiel 1:22, pues a éste profeta Dios le permitió ver los cuatros seres vivientes también.

Estos seres vivientes estaban llenos de ojos delante y detrás, sus ojos representan la vigilancia y capacidad para ver todas las cosas. Nada puede escaparse de la mirada de Dios.

En el versículo siete Juan describe ciertas semejanzas para los cuatro seres vivientes: uno semejante a un león, otro semejante a un becerro, el otro tenía rostro como de hombre y el último semejante a un águila volando.

Estos seres vivientes dan testimonio de cuatro facetas de la vida y obra de Jesús enseñadas en los evangelios, veamos:

1) El león está relacionado con el evangelio de Mateo, donde se presenta a Jesús como Rey.
2) El becerro está relacionado con el evangelio de Marcos, donde se presenta a Jesús como siervo.
3) El hombre está relacionado con el evangelio de Lucas, donde se presenta a Jesús como el Hijo del hombre.
4) El águila volando se relaciona con el evangelio de Juan, donde se presenta a Jesús como el Hijo de Dios, aquel venido del cielo.

d) La adoración de los seres vivientes y de los ancianos, Apocalipsis 4:8-11.

"Y los cuatro seres vivientes tenían cada uno seis alas alrededor, y por dentro estaban llenos de ojos; y no reposaban día y noche, diciendo: Santo, santo, santo, Señor Dios Todopoderoso, que era, y que es, y que ha de venir.

Y cuando aquellos seres vivientes dan gloria y honra y gracias al que está sentado en el trono, al que vive para siempre jamás, los veinticuatro ancianos se postran delante del que está sentado en el trono, y adoran al que vive para siempre jamás, y echan sus coronas delante del trono, diciendo: Señor, digno eres de recibir la gloria y la honra y el poder; porque tú creaste todas las cosas, y por tu placer existen y fueron creadas".

Este pasaje además de decirnos nuevamente que estos seres vivientes están llenos de ojos, nos dice que cada uno tiene seis alas y que de día y de noche adoran a Dios (aspecto que nos recuerda que todo aquel que entra en presencia de Dios no puede dejar de adorar).

Los ancianos también se postran delante del que está sentado en el trono y adoran; es significativo que "arrojan sus coronas delante del trono" en reconocimiento de que lo que tienen y son se lo deben al Rey Dios Todopoderoso.

El rollo y el Cordero de Dios.

e) El libro sellado con siete sellos, Apocalipsis 5:1-5.

"Y vi en la mano derecha del que estaba sentado sobre el trono un libro escrito por dentro y por atrás, sellado con siete sellos. Y vi a un ángel fuerte proclamando en alta voz: ¿Quién es digno de abrir el libro, y de desatar sus sellos? Y ninguno, ni en el cielo ni en la tierra ni debajo de la tierra, podía abrir el libro, ni aun mirarlo.

Y yo lloraba mucho, porque ninguno fue hallado digno de abrir el libro, ni de leerlo, ni de mirarlo. Y uno de los ancianos me dijo: No llores; he aquí el León de la tribu de Judá, la raíz de David, que ha vencido para abrir el libro y desatar sus siete sellos".

El Padre celestial tiene en su mano derecha éste libro, enseñándonos que es muy importante para él. Este libro es muy particular, pues además está escrito por dentro y por fuera, indicando no sólo mucha información, sino la importancia de todos los detalles allí contenidos.

Antiguamente los rollos se escribían por un solo lado. Eran sellados con cera o parafina para guardar la privacidad de la información hasta que la persona indicada y autorizada desatara el sello y abriera el rollo o libro.

¿Por qué este rollo tenía siete sellos? ¿No era suficiente con uno o dos sellos? En aquel tiempo los siete sellos en un rollo indicaban que era un documento legal testamento de otra persona, por eso el Padre se lo entrega al Hijo.

Éste libro entonces es el título de propiedad de la tierra, y declara cómo Jesucristo recuperará y establecerá su gobierno en la tierra.

Un ángel poderoso con voz fuerte pregunta ¿Quién es digno de abrir el libro y desatar sus sellos? Pasaron revista en el cielo, en la tierra y debajo de ella, y nadie apareció (ningún ser angelical del cielo, ni ningún hombre en la tierra, ni otro ser fue hallado digno), ninguno podía abrir el libro ni siquiera mirarlo, y el apóstol Juan lloraba mucho, la decepción en su corazón era inmensa, no aparecía nadie digno.

Y entonces uno de los ancianos le dice a Juan: "no llores, el León de la tribu de Judá, la raíz de David, ha vencido para abrir el libro y desatar sus sellos". ¿Cuándo venció?

Cuando dio su vida por nosotros en la cruz y resucitó, y venció por medio de la muerte al que tenía el imperio de la muerte esto es a diablo, y tomó las llaves de la muerte y del Hades. Por eso toda la gloria es de Dios.

f) El Cordero inmolado toma el libro, Apocalipsis 5:6-7.

"Y miré; y, he aquí, en medio del trono y de los cuatro seres vivientes, y en medio de los ancianos, estaba en pie un Cordero como inmolado, que tenía siete cuernos, y siete ojos, que son los siete Espíritus de Dios enviados a toda la tierra. Y Él vino, y tomó el libro de la mano derecha de Aquél que estaba sentado en el trono".

Es muy interesante que aunque el anciano le ha dicho a Juan que el León de la tribu de Judá ha vencido, cuando el apóstol mira al digno de abrir los siete sellos ve a un Cordero como inmolado, con siete cuernos y siete ojos.

Sin duda alguna hace referencia a Jesucristo el Señor y a su obra redentora en la cruz. La palabra "inmolado" aquí se traduce del término griego "sfazo" que además significa: muerte, ejecución, es una referencia al sacrificio de una víctima.

Se nos describe además diciendo que "tenía siete cuernos y siete ojos". El número siete en la Biblia indica perfección y plenitud. El cuerno en la Escritura simboliza autoridad y poder; entonces los siete cuernos indican el pleno poder y autoridad de Cristo.

Los siete ojos son "los siete espíritus de Dios enviados por toda la tierra". Los ojos nos hablan de toda la omnisciencia de Cristo, quien todo lo sabe y todo lo ve; así como los siete espíritus de Dios indican la plenitud del Espíritu Santo en la vida del Cordero.

g) La adoración de los cuatro seres vivientes y de los veinticuatro ancianos, Apocalipsis 5:8-10.

"Y cuando hubo tomado el libro, los cuatro seres vivientes y los veinticuatro ancianos se postraron delante del Cordero, teniendo cada uno arpas, y tazones de oro llenos de perfumes, que son las oraciones de los santos.

Y cantaban un cántico nuevo, diciendo: Digno eres de tomar el libro y de abrir sus sellos; porque tú fuiste inmolado, y nos has redimido para Dios con tu sangre, de todo linaje y lengua y pueblo y nación; y nos has hecho para nuestro Dios reyes y sacerdotes, y reinaremos sobre la tierra".

Apenas el Cordero toma el libro los cuatro seres vivientes y los veinticuatro ancianos se postran para adorar a Jesucristo. Se destacan aquí dos elementos en la adoración: el arpa y las copas de oro. El arpa era un instrumento musical muy utilizado en Israel para adorar a Dios, y fue uno de los primeros instrumentos creados por el hombre.

Las copas de oro estaban llenas de incienso. El incienso era una sustancia aromática que se preparaba y era quemada como ofrenda en el tabernáculo y en el templo. El incienso vino a ser símbolo de las oraciones del pueblo de Dios, por eso en el Salmo 141:2 dice: "Suba mi oración delante de ti como el incienso".

Entonces las oraciones de los santos (pueblo de Dios) habían sido acumuladas en copas de oro en el cielo en la presencia de Dios. Esto nos recuerda que nuestras oraciones no son en vano, solo que el Señor sabe muy bien cuándo y cómo responderlas.

El cántico que se describe en los versículos nueve y diez revela que es entonado por aquellos que han sido redimidos por Jesucristo, aquellos que comprenden el valor de su sangre y ahora tienen el honor de ser reyes y sacerdotes para Dios, además dice "y reinaremos sobre la tierra".

Entonces el sacrificio de Jesús nos libró a nosotros del juicio eterno, y la dignidad del Cordero nos permitió reinar a nosotros con él. Nuestra mente difícilmente comprenderá un día el inmenso amor de Dios para con nosotros.

h) La adoración al Cordero, Apocalipsis 5:11-14.

"Y miré, y oí la voz de muchos ángeles alrededor del trono, y de los seres vivientes, y de los ancianos; y el número de ellos era millones de millones, que decían en alta voz: El Cordero que fue inmolado es digno de recibir el poder, las riquezas, la sabiduría, la fortaleza, el honor, la gloria y la alabanza.

Y oí a toda criatura que está en el cielo, y sobre la tierra, y debajo de la tierra, y que está en el mar, y todas las cosas que en ellos hay, diciendo: Al que está sentado en el trono, y al Cordero, *sea* la alabanza, y la honra, y la gloria y el poder, por siempre jamás. Y los cuatro seres vivientes decían: Amén. Y los veinticuatro ancianos se postraron y adoraron al que vive por siempre jamás".

En el **versículo once** Juan escucha la voz de millones y millones de seres adorando a Dios. Sabemos que los seres vivientes son cuatro, y que los ancianos son veinticuatro, y todo el resto millones de millones son ángeles adorando al Cordero.

En el **versículo doce** se exalta al Cordero como digno de recibir siete dones u honores: poder, riquezas, sabiduría, fortaleza, honra, gloria y alabanza; y ya que el número siete indica "plenitud" el cántico nos dice que Jesucristo es digno de recibir todas las cosas y toda la herencia, pues él es Dios verdadero y digno de toda adoración.

El **versículo trece** nos enseña que toda la creación se levanta para adorar al Cordero. Esto no sólo nos enseña que la atmosfera del cielo es de completa adoración, sino que todas las cosas visibles e invisibles que hay en los cielos y en la tierra, fueron creadas por medio de él y para él (Colosenses 1:16), a quien se le da adoración por los siglos de los siglos.

La nueva Jerusalén o la santa ciudad.

La Jerusalén celestial o nueva Jerusalén es un título que hace referencia a la ciudad celestial que Dios ha prometido en su palabra. Ésta nueva ciudad el Señor se la revela al apóstol Juan cuando estuvo en la isla llamada Patmos, según Apocalipsis 21 y 22.

La nueva Jerusalén o la gran ciudad santa de Jerusalén:

1) Un ángel es delegado por Dios para mostrarle a Juan la nueva ciudad.

Apocalipsis 21:9-10 "Vino entonces a mí uno de los siete ángeles que tenían las siete copas llenas de las siete plagas postreras, y habló contigo, diciendo: Ven acá, yo te mostraré la desposada, la esposa del Cordero. Y me llevó en el Espíritu a un monte grande y alto, y me mostró la gran ciudad santa de Jerusalén, que descendía del cielo, de Dios".

Como podemos ver Dios delega a uno de los siete ángeles que tenían las siete copas de la ira, para llevar a Juan a un monte alto y mostrarle la nueva ciudad, la cual descendía del cielo (no es de material terrenal, toda ella es de materiales celestiales).

Esta ciudad es el lugar donde el pueblo de Dios es reunido. Esta ciudad será la morada eterna preparada por Jesús para su iglesia, por eso el Señor dijo: "Voy, pues, a preparar lugar para vosotros" Juan 14:2.

La expresión "la gran ciudad santa de Jerusalén" nos permite ver su importancia y naturaleza pura y sin pecado, así como la Jerusalén terrenal fue la capital para el gobierno milenial de

Cristo, la Jerusalén celestial será el centro de gobierno, poder y autoridad para el reino eterno de Dios.

2) El resplandor de la ciudad, sus muros, puertas y cimientos.

Apocalipsis 21:11-12 "Teniendo la gloria de Dios. Y su fulgor era semejante al de una piedra preciosísima, como piedra de jaspe, diáfana como el cristal. Tenía un muro grande y alto con doce puertas; y en las puertas, doce ángeles, y nombres inscritos, que son los de las doce tribus de los hijos de Israel".

El apóstol Juan está impresionado ante aquella visión, la gloria de Dios en aquella ciudad se hace evidente en el resplandor de sus materiales, los cuales son celestiales y son evidencia de Aquel que la creó y mora en ella. Aquel brillo lo compara Juan con el de una piedra preciosa: Jaspe.

La palabra hebrea para "Jaspe" en el Antiguo Testamento es "Yashepheh" y en el griego del Nuevo Testamento es "iaspis", no se identifica con el jaspe moderno, el cual es opaco, y la Biblia nos dice que aquel era jaspe "diáfano como el cristal", por eso esta palabra bíblica hace referencia a una variedad transparente y desconocida hoy día.

El versículo doce nos describe un muro grande y alto con doce puertas, y en cada puerta un ángel, y nombres inscritos que son los nombres de las doce tribus de Israel. Hay un muro no de protección, sino un indicador de que allí sólo entran los que tienen su nombre inscrito en el libro de la vida.

Esos nombres de Israel en las doce puertas (un nombre en cada puerta seguramente), nos recuerda que Israel sigue siendo fundamental en los planes divinos. Es interesante también recordar aquí que los muros de la ciudad de Jerusalén terrenal también tenían doce puertas.

El versículo trece "Al oriente tres puertas, al norte tres puertas, al sur tres puertas, al occidente tres puertas", nos enseña la ubicación y distribución de las doce puertas, tres en cada uno de los cuatro puntos cardinales, y esto nos recuerda también que de igual manera estaban organizadas las doce tribus en el desierto alrededor del tabernáculo.

Entonces, Dios estaba mostrando desde el Antiguo Testamento revelaciones acerca de esta maravillosa ciudad, recordemos que incluso Abraham tenía revelación al respeto, pues la Biblia nos dice que él "habitó como extranjero en la tierra prometida porque esperaba la ciudad cuyo arquitecto y constructor es Dios" Hebreos 11:8-9.

El versículo catorce "Y el muro de la ciudad tenía doce cimientos, y sobre ellos los doce nombres de los doce apóstoles del Cordero", este muro tiene doce cimientos y sobre ellos están escritos los doce nombres de los doce apóstoles del Señor Jesús.

Que honor tan grande, que privilegio tan especial y único, es la recompensa de Dios a los fieles y que sin medida entregaron su vida en la tierra por la causa de Cristo.

Vemos pues que en las doce puertas están escritos los nombres de las doce tribus de Israel y en los doce cimientos están escritos los doce nombres de los doce apóstoles del Cordero. Dios hace partícipe de su reino a Israel representado en los doce nombres en las puertas y a su iglesia representada en los doce nombres de los apóstoles en los cimientos.

3) Las dimensiones de la nueva ciudad celestial.

Apocalipsis 21:15-17 "El que hablaba conmigo tenía una caña de medir, de oro, para medir la ciudad, sus puertas y su muro. La ciudad se halla establecida en cuadro, y su longitud es igual a su anchura; y él midió la ciudad con la caña, doce mil estadios; la longitud, al altura y la anchura de ella son iguales. Y midió su muro, ciento cuarenta y cuatro codos, de medida de hombre, la cual es de ángel".

Se nos dice ahora que el ángel que le está mostrando la ciudad celestial a Juan, tiene una caña de medir de oro y el objetivo es medir la ciudad, el muro y las puertas. Dios le permite a Juan conocer los materiales y las medidas de la ciudad al detalle.

El versículo dieciséis nos enseña que "la ciudad se halla establecida en cuadro", ya que el ancho, el largo y el alto de la ciudad es el mismo ("doce mil estadios") estamos hablando de un cubo o pirámide.

Un cubo, sin duda, nos recuerda las medidas del lugar santísimo, enseñándonos que toda la ciudad es un lugar santo (el lugar santísimo del Antiguo Testamento tenía como medidas: nueve metros de largo, de ancho y de alto: 1 Reyes 6:20 diapositiva doce).

Ya que el estadio, como medida de longitud bíblica, corresponde a ciento ochenta metros, doce mil estadios que midió el ángel equivalen a dos mil ciento sesenta kilómetros (2160 kms), esto corresponde a la sexta parte del tamaño de la tierra (es una ciudad muy, muy grande). Diapositiva trece y catorce.

El versículo diecisiete nos dice que el muro de la ciudad mide ciento cuarenta y cuatro codos, lo que equivale a sesenta y cinco metros aproximadamente. En el versículo doce se dice de este muro que es grande y alto.

4) Materiales y belleza de la ciudad santa.

Apocalipsis 21:18-21 "El material de su muro era de jaspe, pero la ciudad era de oro puro, semejante al vidrio limpio; y los cimientos del muro de la ciudad estaban adornados con toda piedra preciosa.

El primer cimiento era jaspe, el segundo zafiro, el tercero era ágata, el cuarto esmeralda, el quinto ónice, el sexto cornalina, el séptimo crisólito, el octavo berilo, el noveno topacio, el décimo crisopraso, el undécimo jacinto, el duodécimo amatista. Las doce puertas eran doce perlas; cada una de las puertas era una perla. Y la calle de la ciudad era de oro puro, transparente como vidrio".

No podemos olvidar que el arquitecto y constructor de esta maravillosa ciudad es Dios, y que los materiales usados son celestiales, que no son conocidos por nosotros aquí en la tierra. Por eso, es que Juan al ver esta maravilla recurre a los materiales preciosos que conoce en la tierra para tratar de presentarnos lo más parecido posible aquello que está viendo.

La Biblia nos habla de materiales como oro puro, jaspe, piedras preciosas, perlas, etc. Como ya se mencionó antes, el jaspe citado aquí es diferente al terrenal el cual es opaco, el jaspe de la ciudad celestial es "diáfano como el cristal" (Apocalipsis 21:11), y el oro puro de la ciudad es semejante al vidrio limpio (oro no conocido en la tierra).

El objetivo principal de todo esto no es destacar los lujos ni las riquezas, de hecho estos son materiales celestiales distantes de toda codicia humana (pasión que tampoco estará dentro de aquella ciudad santa), el objetivo es destacara el poder, la gloria y la santidad de Dios.

La ciudad es de oro puro transparente, esto nos deja ver entonces que el brillo interno de la gloria de Dios y de sus materiales alumbrará todo su entorno.

Seguramente hay cosas y detalles que no comprendemos humanamente del todo ahora, pero sin duda, todo esto lo entenderemos de manera perfecta cuando estemos allí. Diapositiva dieciséis.

5) El templo de la nueva Jerusalén.

Apocalipsis 21:22-23 "Y no vi en ella templo; porque el Señor Dios Todopoderoso es el templo de ella, y el Cordero. La ciudad no tiene necesidad de sol ni de luna que brillen en ella; porque la gloria de Dios la ilumina, y el Cordero es su lumbrera".

La expresión "Y no vi en ella templo", es muy significativa, pues en la época antigua no se concebía una ciudad sin varios o muchos templos. Esta nueva y única ciudad no tiene templo, y se añade en la Biblia inmediatamente la respuesta: "porque el Señor Dios Todopoderoso es el templo de ella y el Cordero".

La principal característica del lugar santísimo en el tabernáculo era que allí se manifestaba la presencia de Dios, ya que esta ciudad es el tabernáculo de Dios, es su presencia la que la hace templo suyo.

Esta ciudad no tiene necesidad de sol ni de luna, porque la gloria de Dios la ilumina, el Cordero (Jesucristo el Señor) mismo es su lumbrera. La palabra "lumbrera" aquí se traduce del término griego "lucnos" que además significa: lámpara, luz.

Con razón Jesús dijo: "Yo soy la luz del mundo", él seguirá siendo la luz de vida para el hombre.

6) El acceso a la nueva ciudad de Jerusalén.

Apocalipsis 21:24-27 "Y las naciones que hubieren sido salvas andarán a la luz de ella; y los reyes de la tierra traerán su gloria y honor a ella. Sus puertas nunca serán cerradas de día; pues allí no habrá noche. Y llevarán la gloria y la honra de las naciones a ella. No entrará en ella ninguna cosa inmunda, o que hace abominación y mentira, sino solamente los que están inscritos en el libro de la vida del Cordero".

El versículo veinticuatro nos enseña que las naciones que han sido salvas (de todo aquel periodo de juicio descrito en los capítulos anteriores del libro de Apocalipsis) andarán a la luz de ella, es decir no todos fueron destruidos, sino los que subieron contra la ciudad santa.

Estas naciones y sus reyes conformarán los reinos que estarán fuera de la ciudad celestial, serán bendecidos al habitar y vivir a la luz de la nueva ciudad; y "los reyes de la tierra traerán su gloria y honor a ella" es una expresión que nos enseña que los representantes de aquellas naciones subirán a Jerusalén a adorar y a llevar sus ofrendas y presentes al Rey de reyes.

El versículo veinticinco nos enseña que en esta nueva ciudad no habrá noche, tiempo de oscuridad, porque allí no habrán tinieblas, la luz de Dios lo llena todo.

Se nos recuerda que no entrará maldad alguna en la nueva ciudad celestial, sólo los que están inscritos en el libro de la vida del Cordero. Es llamado el libro del Cordero, porque contiene los nombres de todos aquellos que se acogieron al sacrificio de Jesús en la cruz del calvario mediante la fe en él.

7) El río que sale del trono de Dios.

Apocalipsis 22:1 "Después me mostró un río limpio de agua de vida, resplandeciente como cristal, que salía del trono de Dios y del Cordero".

En la Biblia vemos que en varias ocasiones se usa un río como símbolo de bendición abundante, vida, provisión y paz. Desde el punto de vista natural el agua de los ríos es vital para las cosechas y para la vida en general. Imagínate por tanto, cuanta vida, salud, provisión, paz y renovación generar este río que sale del mismo trono de Dios.

Se nos añade una característica de éste río: "resplandeciente como cristal", indicándonos que estas aguas son puras, limpias, sin contaminación alguna, su naturaleza y esencia son únicas en el universo.

Este río sale del trono de Dios y del Cordero, es precisamente porque sale de la presencia misma de Dios que este río es poderoso, generador de vida, salud y bendición. Todo lo que sale de Dios va cargado de poder y autoridad para cumplir aquello para lo cual es enviado.

8) El árbol de la vida genera provisión y salud para las naciones.

Apocalipsis 22:2 "En medio de la calle de la ciudad, y a uno y otro lado del río, estaba el árbol de la vida, que produce doce frutos, dando cada mes su fruto; y las hojas del árbol eran para la sanidad de las naciones".

Recordemos que la historia de la humanidad según la Biblia comienza con el árbol de la vida en el Edén. Después del pecado no le es permitido al hombre comer de él según Génesis 3:22-24, pero aquí en Apocalipsis 22 vuelve a aparecer el árbol de la vida.

Según nos describe Juan podemos ver un río que fluye por en medio de la hermosa ciudad, y éste árbol es tan grande que se extiende sobre el río, y por eso está a ambos lados de éste. Puede ser quizá que "árbol de la vida" sea un término genérico y haga referencia a muchos árboles de la vida que estarán a cada lado del río.

Este árbol "produce doce frutos, dando cada mes su fruto", es un árbol con pleno, continuo y abundante fruto. Una pregunta interesante aquí es ¿comeremos de su fruto?

Recordemos que nuestro Señor Jesucristo comió en su cuerpo glorificado, Lucas 24:39-43; los ángeles comieron con Abraham (Génesis 18:6-8), nosotros participaremos de la cena de las bodas del Cordero, y también Apocalipsis 2:7 nos dice que "Al que venciere le daré a comer del árbol de la vida. Seguramente podremos comer, aunque no será necesario hacerlo constantemente. Diapositiva cinco.

Y nos dice además la Escritura que "las hojas del árbol eran para la sanidad de las naciones". Recordemos que fuera de la ciudad celestial habrá naciones, y tomarán de aquellas hojas para su sanidad (no indicando que las naciones estarán enfermas).

Es decir, aquí la palabra "sanidad" se traduce del término griego "therapeia" que además significa en primer lugar: cuidado; atención; servicio médico; provisión de cuidado y atención. No aparece en el sentido primario de sanar a los enfermos, sino de atender cualquier necesidad.

9) Virtudes adicionales de la ciudad celestial.

Apocalipsis 22:3-5 "Y no habrá más maldición; y el trono de Dios y del Cordero estará en ella, y sus siervos le servirán, y verán su rostro, y su nombre estará en sus frentes".

Consideremos la frase: "Y no habrá más maldición"; desde sus comienzos el ser humano ha tenido que lidiar con los resultados de la maldición de Génesis 3:16-19, un trabajo duro y resultados escasos, dolor durante el alumbramiento para la mujer, conflictos entre ambos sexos, la enfermedad y la muerte.

Aún en el milenio habrá impacto de la maldición, aunque reducido por el perfecto gobierno de Cristo; pero en el cielo nuevo y en la tierra nueva la maldición desaparece totalmente y para siempre.

En contraste se destaca que en la ciudad está el trono de Dios y del Cordero. Ninguna maldad ni maldición pueden estar delante del Señor. Al usar la palabra "Cordero" significa que por la eternidad tendrán presente los adoradores que están delante del trono de Dios gracias al sacrifico del Hijo de Dios: Jesucristo nuestro Señor.

El cielo es un ámbito de adoración y servicio al Señor, servicio en pleno gozo y amor por Aquel que está sentado en el trono, por eso dice: "y sus siervos le servirán". Sí nuestro corazón se goza por el honor de servir a Dios en la tierra, imagínate la plenitud de gozo al servir al Señor en el cielo.

"Verán su rostro y su nombre estará en sus frentes": indica la intimidad que tendremos con el Señor para verlo cara a cara, recordemos que a Moisés se le negó este privilegio, y sólo vio sus espaldas (Éxodo 33:20-23), pero en el cielo veremos el rostro de Dios y le conoceremos como nunca antes. "Su nombre en las frentes" indica que somos de su propiedad y destaca nuestra identidad como hijos de Dios.

"No habrá allí más noche… Dios los iluminará": en la ciudad celestial ya no habrán tinieblas, la oscuridad ya no existirá más, su luz siempre resplandecerá, y no será luz artificial ni natural, será la luz de Dios resplandeciendo siempre en aquel lugar.

"Y reinarán por los siglos de los siglos": expresión que señala el gozo y privilegio del pueblo de Dios al reinar con él por la eternidad, el milenio fue un periodo de mil años, ahora el reino es por siempre, nunca se acabará.

Es interesante tener en cuenta que la Biblia comienza con la caída en el paraíso, y termina con la restauración en el paraíso. Nuestro Dios es Todopoderoso, él puede restaurar todas las cosas.

10) Jesucristo y el ángel testifican la segunda venida del Señor.

Apocalipsis 22:6-7 "Y me dijo: Estas palabras son fieles y verdaderas. Y el Señor, el Dios de los espíritus de los profetas, ha enviado su ángel, para mostrar a sus siervos las cosas que deben suceder pronto. He aquí, vengo pronto. Bienaventurado el que guarda las palabras de la profecía de este libro".

Una vez más se le recuerda a Juan (y a nosotros por supuesto) que las palabras de Dios son verdaderas y a cabalidad se cumplirán, pues quien las declara es Todopoderoso y fiel para hacer lo que ha dicho.

La expresión "He aquí vengo pronto" nos hace reflexionar no sólo en la cercanía de la segunda venida, sino en la diligencia de nuestro corazón para estar preparados. Desde aquel tiempo Jesús lo dijo (casi dos mil años atrás), porque Dios quiere que todas las generaciones estén a la expectativa, todos preparados para su regreso.

Según Apocalipsis 22:8-9 el apóstol Juan estaba asombrado y se inclina para adorar al ángel, quien a su vez lo corrige para que adore sólo a Dios, además de recordarle que ambos eran siervos de Dios ("soy consiervo tuyo").

En los Evangelios, vemos que el Señor Jesús nunca rechazó la adoración, lo que nos confirma que él es Dios que se hizo carne para salvarnos.

11) Jesús y el ángel hacen advertencias.

Apocalipsis 22:10-13 "Y me dijo: No selles las palaras de la profecía de este libro, porque el tiempo está cerca. El que es injusto, sea injusto todavía; y el que es inmundo, sea inmundo todavía; y el que es justo, practique la justicia todavía; y el que es santo, santifíquese todavía.

He aquí yo vengo pronto, y mi galardón conmigo, para recompensar a cada uno según sea su obra. Yo soy el Alfa y la Omega, el principio y el fin, el primero y el último".

Las profecías de este libro (Apocalipsis) no estarán selladas, pues los acontecimientos de la humanidad suceden de modo paralelo y apuntan a la consumación de todas las cosas escritas aquí.

El hecho de que estas profecías no sean selladas indica que son testimonio y evidencia contra los seres humanos que las menosprecian y no las aceptan.

La expresión "El que es injusto, sea injusto todavía…" como las similares del versículo once indican que el tiempo que queda es poco, el verdadero arrepentimiento apremia, si todo el testimonio del libro de Apocalipsis no produce al ser humano un cambio, es muy poca la esperanza que queda.

Nuevamente Jesús lo dice: "He aquí yo vengo pronto", pero en esta ocasión Jesús añade algo muy importante, pues él dice: "y mi galardón conmigo, para recompensar a cada uno según sea su obra", recordemos que somos salvos por la gracia de Dios en Cristo, pero los galardones serán de acuerdo a las obras y servicio del cristiano.

Jesucristo es el Alfa y la Omega, el principio y el fin, el primero y el último, es decir, Cristo es comienzo, final y centro de la vida del creyente, él es la luz y la vida, sin él todo es oscuridad y caos, sólo en él, el ser humano halla verdadera vida y sentido a su existencia.

El versículo catorce "Bienaventurados los que lavan sus ropas, para tener derecho al árbol de la vida, y para entrar por las puertas en la ciudad", nos recuerda la importancia de acudir a la sangre de Cristo, pues sólo ésta es la que realmente limpia al ser humano de su pecado.

Es Jesús el camino y quien nos da verdadera vida, es por él que podemos ingresar por las puertas de la Jerusalén celestial, por la fe en su obra nuestro nombre es escrito en el libro de la vida del Cordero.

El versículo quince "Más los perros estarán fuera, y los hechiceros, los fornicarios, los homicidas, los idolatras, y todo aquel que ama y hace mentira", es sin duda, una fuerte advertencia para aquellos que menosprecian la gracia de Dios en Cristo Jesús.

Los "perros" era una expresión que hacía referencia a los paganos, apostatas, soberbios que resistían la fe en Dios, y los que menosprecian o pisoteaban las cosas santas (al parecer también era un adjetivo para aquellos hombres que ejercían la prostitución masculina y sodomía).

12) Últimas palabras.

Apocalipsis 22:16-17 "Yo Jesús he enviado mi ángel para daros testimonio de estas cosas en las iglesias. Yo soy la raíz y el linaje de David, la estrella resplandeciente de la mañana. Y el Espíritu y al Esposa dicen: Ven. Y el que oye, diga: Ven. Y el que tiene sed, venga; y el que quiera, tome del agua de la vida gratuitamente".

Jesús confirma la veracidad de su testimonio, y reitera su autoridad real como el Mesías, por lo cual todo lo que aquí está escrito es verdad y tal cual se cumplirá. Éste poderoso testimonio es un mensaje para todos los creyentes ("las iglesias").

Se expresa el anhelo por el retorno de la presencia de Jesús (versículo diecisiete), es también una invitación a todo aquel que tiene sed para beber el agua de vida gratuitamente que sólo en Cristo se puede hallar.

Recordemos que fuimos creados por Dios, luego comprados por precio de sangre en la cruz y después alcanzados por la obra del Espíritu Santo.

Los versículos dieciocho y diecinueve nos permiten ver una fuerte y severa advertencia, hay un altísimo precio a pagar por cualquier manipulación o alteración al Libro de Apocalipsis (y por supuesto a las Escrititas en general).

La palabra de Dios es clara y sencilla, poderosa y transformadora, es el libro de Dios para los hombres y contiene la más poderosa revelación del Señor a la humanidad, y revela incluso el escenario final de la creación, por eso no debe ser alterada ni tergiversada, hacerlo es caminar hacia los juicios más terribles que han habido sobre la tierra.

Los versículos veinte y veintiuno no cesan de enfatizar el pronto regreso del Señor: "Ciertamente vengo en breve". Es por eso que este libro encierra un mensaje de vigilancia y diligencia a la iglesia de Cristo, debe estar preparada para la venida de su Señor.

Juan expresa el deseo de su corazón diciendo: "Amén, sí, ven Señor Jesús", deseo que debe ser un continuo anhelo en la iglesia de Jesucristo. Realmente la solución a los problemas de la humanidad no está en la habilidad de sí misma para crear un mundo mejor, sino en el regreso de Aquel que puede transformar todas las cosas y puede establecer el gobierno perfecto, por cuanto él es amor y es Todopoderoso.

Este libro y la Biblia en general termina con la frase: "La gracia de nuestro Señor Jesucristo sea con todos vosotros. Amén".

Es maravilloso, pues el libro describe muchos juicios, pero siempre estará presente la gracia de Dios para todo aquel que se arrepiente y se acoge a Jesús.

No podía ser de otra manera, pues Dios ha usado todos los mecanismos posibles para que el ser humano tenga vida eterna, hasta entregar en sacrificio lo más precioso, su Hijo mismo. Gracias Dios por tu perfecta y pura gracia.

Esperamos que este libro haya sido de tu agrado.

Puedes conocer todos nuestros libros aquí: LIBROS DEL PASTOR GONZALO SANABRIA **en Amazon.com**

Recuerda que puedes adquirir los libros del Pastor Gonzalo Sanabria en Amazon.com donde hallarás los siguientes títulos:

100 Sermones bíblicos.
Predicas bíblicas para el domingo.
Sermones sobre la oración.
70 sermones y bosquejos de la Biblia (Compendio de folletos publicados).
Bienestar emocional (Compendio de folletos publicados).
¿Cómo Arrancar La Amargura Del Corazón?
¿Cómo Enfrentar y Superar Las Crisis?
¿Cómo Fortalecer Mí Fe En Dios?
¿Cómo Hallar La Paz Interior?
¿Cómo Vencer La Preocupación?
¿Qué Es El Gozo De Dios y Por Qué Es Tan Importante?
¿Qué Es Orar y Por Qué Es Tan Importante?
1 y 2 De Timoteo, Tito y Filemón
100 Predicaciones Bíblicas
30 Mensajes Cristianos
33 Devocionales Cristianos Tomo 3
40 Devocionales Cristianos
56 Sermones Cortos Para Predicar
75 Sermones Para Estudiar y Predicar
Actitudes Correctas Ante La Adversidad

Alimento Para El Espíritu
Aprendiendo A Esperar En Dios
Bosquejos Para Predicadores
Bosquejos y Sermones
Bosquejos y Sermones De La Biblia Para Predicar
Bosquejos y Sermones Para Predicar Tomo 4
Cada Familia Tiene Un Diseño Divino
Comentario Bíblico Carta A Los Hebreos
Comentario Bíblico De 1 y 2 Timoteo, Tito y Filemón
Comentario Bíblico De 1, 2, 3 De Juan y Judas
Comentario Bíblico De Santiago, 1 y 2 De Pedro
Cometario Bíblico Gálatas y Efesios
Cómo Derribar Gigantes
Cómo Perseverar y No Renunciar En El Proceso
Cómo Renovar y Fortalecer Mi Vida De Oración
Cómo Vencer El Desánimo
Cómo Vencer La Inconstancia
Cómo Vencer La Preocupación
Como Vencer Mis Propias Debilidades
Confía En Dios Aunque Todo Esté En Tu Contra
Cuentos Para Niños
Cuidado Con Las Emociones Tóxicas
Devocionales Cristianos Tomo 3
Dios Abrió El Mar Rojo
Dios Es Fiel y Cumple Sus Promesas
Dios Es Quien Tiene La Última Palabra
Dios Renueva Nuestra Esperanza
El Ayuno Según La Biblia
El Caminar De Israel Por El Desierto y Sus Poderosas
Enseñanzas
El Espíritu Santo
El Espíritu Santo y El Hablar En Lenguas Según La Biblia
El Fuego Del Espíritu Santo
El Juicio Ante El Gran Trono Blanco

El Lenguaje Del Espíritu Santo
El Liderazgo y La Biblia
El Plan De Dios En Tu Vida
El Poder De Dios
El Poder De Dios Está Por Encima De Nuestras Dudas
El Poder De La Fe En Dios
El Poder De La Oración A Dios
El Poder Restaurador De Dios
El Poder Transformador De La Oración
El Verdadero Servicio A Dios
Elegidos Por Dios A Pesar De Todo
Es Posible Superar El Fracaso
Escogidos Desde El Vientre
Estudios Bíblicos
Estudios y Sermones De La Biblia
Filipenses, Colosenses, 1 y 2 Tesalonicenses
Fortalécete En Dios y Supera Tus Obstáculos
Instrucciones Del Espíritu Santo
Jesucristo, La Vida De Jesús De Nazaret
Jesús Camina Sobre El Mar De Galilea
Jesús Oró Toda La Noche
Jesús Sana A La Mujer Con El Flujo De Sangre
Jesús Visita El Hogar De Simón El Fariseo
La Adoración Celestial, El Rollo y El Cordero
La Biblia
La Biblia, Sermones y Reflexiones Cristianas
La Biblia: Sermones y Reflexiones Cristianas Tomo 1
La Biblia: Sermones y Reflexiones Cristianas Tomo 2
La Fe De Abraham
La Fidelidad De Dios
La Oración Efectiva
La Oración, Un Encuentro Con Dios
La Revelación De Jesucristo Según Apocalipsis 1
Las Siete Iglesias Del Apocalipsis

Libertad Espiritual
Libro De Sermones Para Estudiar y Predicar
Liderazgo Cristiano
Los Ángeles Que Se Convirtieron En Demonios
Los Ángeles y Su Participación En La Tierra
Los Dones Del Espíritu Santo
Los Siete Sellos Del Apocalipsis
Mensajes Bíblicos
Mensajes Bíblicos
Mensajes De Vida y Libertad Basados En La Biblia
Sermones sobre personajes de la Biblia (compendio de folletos publicados).
Palabras Que Transforman El Corazón
Predicaciones Bíblicas
Predicaciones Cristianas
Prepárate Para Vencer En La Guerra Espiritual
Puedes Confiar En Dios, Él Siempre Será Más Grande Que Tu Problema
Qué Es El Agotamiento Emocional y Cómo Superarlo
Qué Es La Ira y Cómo Manejarla
Quiero Caminar Con Dios
Reflexiones Cristianas
Reflexiones De Ánimo y Fortaleza
Reflexiones y Sermones Que Animan y Fortalecen La Fe En Dios
Restaura y Cuida Tu Amistad Con Dios
Restauración De La Familia
Sanidad Para El Alma Herida
Sermones Cortos Para Predicar
Sermones Cristianos Tomo 3
Sermones Cristianos Tomo 3
Sermones De La Biblia
Sermones De La Biblia Para Predicar El Domingo
Sermones De La Biblia Reina Valera Para Enseñar

Sermones Para Predicar El Domingo
Sermones Para Predicar El Domingo
Sermones Para Predicar Tomo 2
Sermones Para Predicar Tomo 3
Sermones Para Predicar Tomo 5
Sermones Para Predicar Tomo 6
Sermones Sobre La Vida De Enoc
Sermones Sobre La Vida De Job
Sermones Sobre La Vida De José
Sermones Sobre La Vida De Moisés
Sermones Sobre La Vida Del Profeta Jonás
Sermones Sobre Milagros De Jesús
Sermones Sobre Personajes De La Biblia
Sermones y Reflexiones De La Biblia Tomo 4
Sobre Los Cuatro Jinetes Del Apocalipsis y Las Dos Bestias
Tú Puedes Salir De Tu Crisis
Verdades Que Liberan.